国家出版基金项目
NATIONAL PUBLICATION FOUNDATION

河北省优秀出版物
Excellent publications of Hebei Province

“十三五”国家重点出版物出版规划项目

教育乡村

乡村振兴探索丛书

丛书主编\张孝德 叶培红

JIAOYU XIANGCUN
XIANGCUN ZHENXING TANSUO
CONGSHU

21世纪教育研究院　编

河北出版传媒集团
河北人民出版社
石家庄

图书在版编目（CIP）数据

教育乡村 / 21世纪教育研究院编. -- 石家庄 : 河北人民出版社, 2019.4
（乡村振兴探索丛书 / 张孝德, 叶培红主编）
ISBN 978-7-202-13632-4

Ⅰ. ①教… Ⅱ. ①2… Ⅲ. ①乡村教育－教育改革－案例－中国 Ⅳ. ①G725

中国版本图书馆CIP数据核字(2018)第271442号

丛 书 名 **乡村振兴探索丛书**
丛书主编 张孝德　叶培红
书　　名 **教育乡村**
编　　者 21 世纪教育研究院

策划编辑 荆彦周
责任编辑 甄　洁
美术编辑 于艳红
责任校对 付敬华
封面设计 张　宾

出版发行 河北出版传媒集团　河北人民出版社
(石家庄市友谊北大街 330 号)
印　　刷 保定华升印刷有限公司
开　　本 787 毫米×1092 毫米　1/16
印　　张 17.75
字　　数 183 000
版　　次 2019 年 4 月第 1 版　　2019 年 4 月第 1 次印刷
书　　号 ISBN 978-7-202-13632-4
定　　价 65.00 元

《教育乡村》编委会

总　序

迈向新时代第三次乡村复兴

十九大提出的乡村振兴战略，不仅仅是为了乡村自身发展的需要，更是关系到中国迈向新时代的前途命运与未来发展走向的大战略。

乡村有乾坤，事关天下事。近代以来，影响西方文明发展的大事件，都与城市有关。从500年前源于地中海城市的文艺复兴到18世纪的英国工业革命，从法国19世纪的巴黎革命到美国现代的科技创新，无不是基于城市改革兴起，从而改变了世界发展的格局与走向。然而，近代以来，影响中国前途命运的大事件，却都与中国乡村有关。

第一次乡村复兴，是毛泽东领导的新民主主义革命。国民党试图走西方式的道路，依靠城市资产阶级革命实现中国从古代到现代文明的转型，然而历史选择了毛泽东领导的中国共产党所走的农村包围城市的革命道路，完成了建立新中国的伟大使命。

第二次乡村复兴，是邓小平领导的发端于乡村的改革开放。以家庭联产承包责任制为内容的乡村土地改革，成功开启了中国改革开放之路，使中国再次在乡村找到了中国改革开放的动力源头。正是农村土地承包制形成的改革示范效应，带动了后来的城市改革；正是农村改革释放的生产力，解决了中国农业发展难题；正是产生于乡村的乡镇企业，成为中国最早的市场经济主体。改革开放40年取得的巨大成功再度证明，中国的农村与农民不仅是中国新民主主义革命的基本力量，也是中国改革开放的动力源头和中坚力量。改革开放以来的第二次乡村复兴，不仅使中国农民走向了小康社会，而且继毛泽东的革命立国之后，完成了经济立国的伟大使命。

十九大提出乡村振兴战略，将是把中国再度推向新时代的第三次乡村复兴。乡村作为中华五千年文明之载体、文化传承之根，无论是生态文明建设，还是实现中华民族伟大复兴的中国梦，都需要我们再度从乡村文明复兴启航。如果说第一次乡村复兴释放了蕴藏于乡村的革命力，第二次乡村复兴释放了蕴藏在乡村的经济力，那么第三次乡村复兴，则是乡村蕴含的历史、文化、政治、经济、社会能量的全面释放，是在新时代的召唤下，乡村文明与新时代对接的全面复兴。

500年前，人类文明从古老的农业文明走向工业文明时代的春天，是从地中海的城市复兴带动的文艺复兴开始的。500年后的今天，当代人类从工业文明走向生态文明时代的春天，将从中国乡村文明的复兴开始。以乡村文明复兴为内容的第三次乡村复兴，肩负伟大历史使命，开启的将是人类文明的一个新时代。

对三次中国乡村文明复兴的解读，需要一种新文明观，这是在大时空、长周期视野中才能看到的城市与乡村平等的文明观。站在时代赋予的高度鸟瞰到迄今为止的世界文明，可以发现，世界文明史就是一部乡村文明与城市文明两极交变的人类文明史，乡村和城市恰如太极阴阳的两极，是既对立又统一的关系。农业文明时代是东方乡村文明引领世界发展的时代，工业文明时代是西方城市文明引领世界发展的时代。而生态文明新时代将是源于乡村文明引领世界走向城市与乡村共生均衡发展的全新时代。

在农业文明时代，根植于农耕经济的乡村文明成为引领人类文明的主导文明，创造了东方文明的鼎盛时期。起源于地中海地区的古代工商业经济支撑的西方城邦文明，虽然也有其鼎盛时期，但未能成为长期引领世界的主导文明。特别是从公元5世纪到15世纪的千年之间，当东方农耕文明发展到鼎盛期从而引领世界文明之时，恰恰是西方陷入被史学家称为黑暗中世纪的时期。15世纪后，起源于地中海的城市文明复兴，开启了工业文明新时代，成为西方文明走向世界的开始。与此同时，繁盛了千年之久的东方文明则逐渐进入一个衰微、解构、痛苦转型期。于是，近代以来，曾经引领世界的东方文明，走向了追赶学习西方文明之路。

但是，有着历经数千年历史而形成的高度成熟的中国乡村文明，决定了近代以来中国一直走着一条不同于西方的现代化之路，这就是不断从乡村找到时代发展的起点与动力之路。

城市与乡村是人类文明的阴阳两极。乡村是根，城市是树冠；乡村是人类精神的家园，城市为人类提供了高效率的物质财富；城市解决人类发展问题，乡村则是人类生存的根基；城市开放创新，乡村固本守根。人类文明的健康发展，应该是城市与乡村的均衡发展。

当代人类面临的环境危机，从根源上看即是单极城市发展的危机。被资本增值与市场化激活的消费欲望形成的城市文明，是一个远离自然、缺乏信仰约束的高能耗、高消费的文明。农业与工业失衡造成了粮食危机，南方与北方失衡造成了世界秩序危机，物质与精神失衡造成了精神危机，传统与现代断裂造成了文化危机的深层根源，使城市文明与乡村文明失衡。

携带着西方文明基因的城市化在全球的扩张，给人类文明带来的负效应已大于正效应。当代人类所面临的一系列阴阳失调的危机，都与城市与乡村失衡所衍生出来的危机有关。在人类文明已经严重失衡的背景下，西方经济学家仍在大谈21世纪是城市化的世纪，这是对人类发展的误导。如果人类文明的终级目标，是成为一个只有城市、没有乡村文明的世界，那么这意味着人类文明将走向死寂。按照“孤阴不生，孤阳不长”的规律，人类文明演化动力，恰恰根源于城乡两极生克互动之中。

目前改变世界文明航向的力量只能在中国，而21世纪中国对世界文明失衡矫正的动力在乡村。中国古老的乡村文明蕴含着化解现代工业文明危机的解药。

世界需要中国贡献给人类文明的，绝不是一个简单重复西方城市化的文明，也不是一个赶上美国成为世界经济总量第一的文明，时代需要中国担当起对矫正世界文明航向、开辟世界文明发展新航线的使命。

我们必须清醒地认识到，经过40多年的改革开放，我们低成本追赶西方现代化的时代已经结束，当前中美贸易战的局势正在倒逼我们必须走自己的路，这条路就是十八大提出的生态文明建设之路。生态文明建设绝不是治理环境的权宜之计，而是一条中华民族走向伟大复兴的另类现代化之路。这条另类现代化之路，需要从乡村文明的复兴开始。

站在21世纪的制高点上，我们看到的是一个城市文明主导时代的式微，乡村文明复兴渐起时代的开启。乡村文明复兴并不意味着人类将再度回到农业文明的时代，乡村文明复兴是对当代世界出现的城市与乡村两极文明失衡矫正的需要。在乡村文明的复兴中，重构乡村与城市的均衡关系，不仅是中华民族复兴的必然，也是21世纪生态文明时代发展的新趋势。

在当代中国，对于乡村文明复兴时代使命的认识尚有难度。事实胜于雄辩，鉴于此，在河北人民出版社的大力支持下，这套《乡村振兴探索丛书》得以出版问世。该套丛书告知读者，开启未来新时代最富有创造力的仍然是农民。回望20世纪80年代，中国农村创造的承包制与乡镇企业对中国改革开放曾作出了不可磨灭的贡献；放眼21世纪的今天和未来，中国的乡村和农民，再度以他们的智慧，为乡村文明全面复兴创造了并继续创造着许多感人的故事。这些乡村振兴的故事，虽然尚未形成主流，但代表着并为我们指引着未来的新趋势。

进入21世纪以来，针对中国乡村在轰轰烈烈城市化中面临衰败危机的现状，由中国乡村文明研究中心联合中国人民大学乡村建设研究中心、中国农业大学农民问题研究所、香港施永青基金等多家机构，从2014年开始联合举办“中国乡村文明发展论坛”，到目前为止已经举办了四届，每届论坛都推出十个乡村文明复兴的典型案例。可以说收录在这套丛书中的大部分案例，都来自我们多年跟踪的乡村文明复兴的故事。在此感谢河北人民出版社出版这套丛书，让这些迈向新时代创造新生活的振兴乡村故事能与大家分享。

张孝德

2018年8月20日于山西长治县关头村

目 录

MULU

导　论

把乡愁化为力量

2016 年，国家行政学院举办的“第四届中国乡村文明发展论坛”介绍了一批乡村教育的优秀案例，成为近年来乡村教育成果的一次检阅，也是各界志士仁人传承文化传统、开展乡村建设力量的凝聚和宣示。

伴随乡村振兴国家战略的实施，底部攻坚、精准扶贫、教师支持、建设好“两类学校”（农村寄宿制学校和小规模学校）等一系列政策的出台，政府对乡村教育的重视和支持程度不断提高，农村教育的面貌得到很大的改善，有人说“凡是用钱能解决的问题基本都解决了”。那么，我们需要考虑的是，仅靠钱而难以解决的问题是什么呢。

在快速城镇化进程中，很多农村学校装修一新，可学生依然越来越少，逐渐成为空校。一些贫困地区的学校，教师已经年轻化，而且学历达标、工资待遇不差，但教育质量就是上不去，平均成绩在及格线之下。当然，更多农村学校从“有学上”进入“上好学”的阶段，意味着进入了可以追求升学率的应试教育状态，这真的是农村孩子的福音吗？我们看到的是农村教育与乡土和生活的断裂，是城乡学校在应试教育单一轨道上的

“龟兔赛跑”。

因此，当教育超越了极度短缺和贫困的状态、甚至“不差钱”之时，什么是教育、什么是好的教育的提问依然尖锐而紧迫，在当下的农村发展中越来越成为绕不过去的问题。

今天我们反思中国教育、农村教育的价值，首先需要旗帜鲜明地反对应试教育，这其实是现代教育的应有之义。早在20世纪初，杜威发起了针对19世纪传统学校进步主义教育运动，将“为升学做准备的教育”改为“为生活做准备的教育”。在五四运动之后，杜威的学生陶行知、陈鹤琴等，将这一教育现代化的启蒙同步地引入中国，开启了“生活教育”的实践。生活教育的核心，用陶行知的话来表达，叫作“来自生活的教育，依据生活而教育，为生活的向上向善而教育”。从而改变死读书、读死书的状态，改变教育只为考试而与生活无关的状态。这一变革在今天尤为重要。在工业化、城市化的过程中，学校变成了大大小小的“教育工厂”，与乡土、社区、地方的联系逐渐疏远。学校和学生虽然还在农村，但是与农村的生产、生活、家乡和乡亲没有一点关系，学习内容、教育过程都与乡村无关。这被称之为“教育的孤岛”“教育的悬浮状态”，是一种漂浮的、没有方向的“无根的教育”。所谓根深才能叶茂，教育无根培养出的就是无根的人，没有人生的温度，没有对家乡、对社会、对民族的归属感，是个精神的流浪儿。

今天，深化农村教育改革，不仅需要改善学校设施、教育资源、教师待遇等“硬件”方面，同时需要深刻反思、重新认识农村教育的价值和目标。这是发展中国教育普遍性的问题。

一篇国际组织的研究报告指出，发展中国家教育和生活的严重脱节，是妨碍其教育普及的重要原因。“发展中国家的教育规划通常采用的是着重关注数学、科学、语言和社会研究领域的西方传统教学模式。这些规划将稀缺的教育资源分配给像希腊神话、素数理论或地壳运动这样的课题，这些课题可能会提升学习者的智识水平，却和贫困儿童生活状况的改善没有多少相关性。”因此，需要增加那些有助于提高发展中国家学生及其家庭、社区的生存状况和身心健康的课程。三个要素是：与学习者生活相关的学习内容，在实践中加以应用，以及以学生为中心的教学过程。这三者的独特结合，可以帮助学生掌握能够改善自己发展前景和身心健康的生存技能，如财商素养、创业技能、维持自身健康的能力，以及团队合作、问题解决和项目管理等能力，使学生在离开学校之后，无论是去上大学还是留在乡村都能取得成功。哥伦比亚的“新教育”模式，就是一个优秀典型。在这种“为生活而教”的模式下，评价学校的标准将从“达到一定标准测试的考试成绩”，转变为“对学生及其社区的经济和社会福祉产生积极的影响”。[①]

实现这个转变是农村教育面临的深刻改革。生活教育的实施途径，就是学校教育的生活化、乡土化、地方化、社区化，给农村教育注入新的内涵，把教育的重心降到土地上，跟学生的生命和成长直接相关。乡土文化和地方性知识，不仅是一种知识的教育，还是情感、经验、价值观的传承，对于激活农村

① Aha社会创新学院：《重新定义发展中国家的教育——我们需要新的方法去构建相关的市场、创业精神和健康保健方面的技能》，2017-09-20，http://t.cn/RpDSWpD。

学校的文化气氛，调动学生的学习热情，提升学生的综合素质都具有积极的作用。特别需要关注大多数未能进入大学的农村学生，使他们同样拥有自我发展的能力、积极进取的态度，走向自己的幸福人生。本书所展示的各个案例，生动地说明了好的农村教育是什么样的，它能够怎样改变农村学生的命运，为他们奠定积极幸福的人生。

摘录几句口号与各位共勉：一是“把乡愁化为力量”，仅有乡愁是不够的，要转化为我们的行动，转化为乡村建设和文化建设的实际行动；二是台湾社区大学的同仁提出的“向农村学习，让农村学习”，这句话非常准确地界定了教育者与乡村的关系；第三句是台湾一所少数民族学校的校训，“把根扎深，把梦做大”。

杨东平
21世纪教育研究院院长
国家教育咨询委员会委员

一

一个教授的乡村教育实验

伏羲班

甘肃省甘谷县土桥小学，一所地处国家级贫困县的乡村小学，尽管有近百年的历史，但一直默默无闻，如今却名扬天下。知道“伏羲教育”的无不知道“甘谷伏羲班”，知道“伏羲班”的无不知道“甘谷县永安伏羲学校”——土桥小学的新校名。

什么是“伏羲班”？“伏羲班”的教育有什么特点？“伏羲班”为什么有这么大的魅力？当一些乡村学校的孩子纷纷转到城里小学读书的时候，它竟能吸引城里的家长把孩子送到乡村学校。而且，2013 年秋，仅仅半年的时间，在困难重重、没有任何行政力量推动的情况下，全国各地自发地复制出了 500 多个伏羲班。废弃的乡村小学复活了，复活的学校里几乎全是外地的、城里的孩子。北京博识学校、河北端村学校、海口伏羲学校、江西阳明伏羲学校、重庆忠县布泽伏羲学校、河南安阳中原伏羲学校、广西桂林桂鸿伏羲学校、湖北荆门市追远伏羲学校、云南保山隆阳承谦伏羲学校……伏羲班的孩子来自天南海北，家长不惜在当地租房、买房，为的是上伏羲班。

伏羲班是 2006 年 9 月国家开放大学文法学院吴鸿清教授在天水市和甘谷县各级领导的支持下，在甘谷土桥小学一年级新生中创办的基础教育改革的实验班。甘谷是人文始祖伏羲的故里，所以实验班的名字就叫作“伏羲班”。

伏羲班教育改革的意义是什么，它会给基础教育带来什么，给乡村学校教育带来什么，甚至给家长教育、给实现中华文化和中华民族的伟大复兴带来什么等一系列的问题还有待于认识和研究。这里介绍的，只是吴鸿清和伏羲班教育改革实验的故事。

（一）三到甘谷，土桥小学办起了伏羲班

2006 年 5 月 8 日，甘谷县三和园宾馆住进了 4 个外地人，他们是谁？他们来干什么？人们用怀疑的眼光打量着这几个陌生人。他们是从北京来的，为首的是中央广播电视大学（今国家开放大学）文法学院吴鸿清教授，其他几位是随他而来的志愿者。甘谷县委、县教育局和新兴学区领导热情接待了他们。9 日下午，吴教授一行便风尘仆仆地来到土桥小学考察，和老师们座谈交流。

10 日，一行人又驱车到天水市，拜访了张广智市长。吴教授向张市长讲述了他们来甘谷的目的是在土桥小学办一个教育改革实验班，这个实验班的主要特点是语文课学习古诗文经典，每天增加一节书法课、一节武术课。吴教授向张市长承诺，整个实验不会给地方财政增加一分钱负担，同时他也提出，希望有充分的自主权，能够允许实验班的学生在四年级之前不参加任何形式的统考。吴教授只是试探性地提出一些看法，能不能

得到同意，他心里一点儿底也没有。“语文课学习古诗文经典，每天增加一节书法课、一节武术课”，说起来似乎很轻松，但此前吴教授跟任何人说的时候，得到的回答几乎是一样的：“这绝对不可能！”他没想到，张广智市长听完介绍之后马上说：“支持你，吴教授！你放心大胆地做。这就是你教育改革的小特区、自留地。”

张市长同时向在座的甘谷县领导说，一定要支持吴教授的这个教育改革实验。甘谷县领导纷纷表示支持。吴教授大喜过望，满怀欣喜地回京了，紧锣密鼓开始了教育改革实验班的准备工作。

“我 9 月要到甘谷办实验班了！”一直沉浸在兴奋之中的吴教授见到朋友几乎都会谈起他要到甘谷办实验班的计划。虽然朋友们都知道这是吴教授多年的梦想，但还是冷静而毫不留情地给他泼冷水：“你别高兴太早了！没人报名的。没有家长愿意拿孩子让你做实验。”几乎每个朋友都是这么说的。吴教授心里又没底了，好不容易得到领导的批准，如果真是没人报名怎么办？如果没人报名，这么难得的机会不就丧失了吗？怎么办呢？左思右想，一向靠着枕头就能睡着的他却失眠了。“不行！还是要到甘谷一趟，开个家长会。如果没人报名，就一家家动员。”没想到，到即将开班时，竟有 42 名学生家长有让孩子报名的意愿了。就这样，2006 年 7 月，吴教授再次来到甘谷，在土桥小学召集 42 名即将入学的新生家长，开了一个座谈会。

在座谈会上，吴教授介绍了他准备在土桥小学办教学实验班的计划。吴教授跟家长们说：“在学校招生的时候，希望家长

◎2006 年 7 月，吴鸿清教授在土桥小学召开一年级新生家长座谈会

们为孩子报实验班。”他本来是做好没人报名的思想准备的，但没想到座谈会一结束，家长们纷纷涌上来，要求马上报名。吴教授喜出望外，但还是故作镇定地说：“不急！等正式报名的时候再报吧。”家长们不同意，有人提议说：“现在就预报名，等正式报名的时候按照今天预报名的顺序录取就行了。”这是为什么？吴教授后来才知道，甘谷是武术之乡，是三国名将姜维的故里；甘谷又是书画之乡，当地流传着一句话“家有字画不叫穷”，从这俗语中就可以知道人们对书画酷爱的程度。伏羲班学武术，学书法，学古代经典，又不收费，这么好的事儿哪里去找啊！难怪家长们要预报名。他们说：“如果知道的人多了，就轮不上我们了。”曾记得 2012 年以来，吴教授在全国各地介绍伏羲班的时候，每个地方都有人问：“语文课学经典，那以后考试怎么办？”“语文课学经典会不会影响考试成绩？”尽管吴

教授用甘谷伏羲班优异的成绩告诉大家，不会影响考试成绩，但还是有不少家长持怀疑态度：“我不能拿孩子的一生给你做实验。”不管吴教授怎样解释说“实验”只是一个词儿，实际上都是由古代无数事实证明的成功经验。家长们还是咬住一句话：“我不能拿孩子的一生给你做实验。”第一个伏羲班能在甘谷办起来，或许就是文化积淀的缘分吧。

招生问题解决了，吴教授拜托甘谷的老师代为租房子，他信心满满地说：“我们8月中旬来就不走了。”

8月17日，吴教授和三位志愿者第三次来到甘谷，这一次是要长期住下来办伏羲班了。住房还没租好，只好先住进三和园宾馆。这一住，倒是给吴教授办伏羲班带来了意想不到的收获。

伏羲班的老师怎么解决？本来学校推荐了外校的老师，吴教授约到宾馆谈了几次，但无论怎么动员，也不愿意到土桥小学任教。“我们好不容易才离开农村小学，怎么还能回去呢？”招生在即，但教师还没影子。没想到“无心插柳柳成荫”，三和园宾馆的一个服务员是刚刚从天水师范毕业的大学生，因为没有找到对口工作，就先到三和园宾馆上班。吴教授问她：“愿意不愿意给我们做饭？还可以学习书法。”她痛快地答应了，后来成了伏羲班最棒的书法老师，她的未婚夫也成了伏羲班的老师，并且一直把伏羲班的学生带到初中毕业。要租房，他们请在宾馆楼下的出租车司机帮助找可以租用的房屋，后来这位司机也成了伏羲班专职的总务负责人。最初的伏羲班的团队就是这么组建起来的，说是散兵游勇构成的也不为过。当时的阵容是：班主任兼语文老师以及数学老师是学校配备的，书法、美术老师由两位书法专业毕业的志愿者担任，武术、音乐老师在当地聘请。这就是第一个伏羲班最初的教学团队。

8 月 19 日、25 日，吴教授先后两次组织志愿者和临时组建的教学团队学习，学的是毛主席给陕北公学的题词：“要造就一大批人，这些人是革命的先锋队。这些人具有政治远见，这些人充满着斗争精神和牺牲精神。这些人是胸怀坦白的，忠诚的，积极的，与正直的。这些人不谋私利，惟一的为着民族与社会的解放。这些人不怕困难，在困难面前总是坚定的，勇敢向前的。这些人不是狂妄分子，也不是风头主义者，而是脚踏实地富于实践精神的人们。中国要有一大群这样的先锋分子，中国革命的任务就能顺利的解决。”吴教授强调：“办好伏羲班，首先需要的就是精神，就是思想，这精神就是革命先辈打江山的精神，这思想就是毛泽东思想。”后来吴教授把这段话抄出来，挂在办公室，作为老师们的座右铭。

2006 年 8 月 30 日，在预报名的学生中招收了 32 名学生组成了伏羲班，开始上课了。吴教授字斟句酌，写下了《伏羲班三字歌》：

我伏羲，人文祖。画八卦，造文书。

教佃渔，结网罟。养牲畜，充庖厨。

化蚕布，着衣服。导流泉，植谷蔬。

钻木火，熟食物。做器具，陶冶术。

离野处，造屋庐。礼嫁娶，俪皮数。

制琴瑟，乐伴舞。针百病，体康舒。

龙纪官，立九部。创占筮，作历度。

脱蒙昧，民和睦。千秋颂，中华祖。

伏羲人，继统绪。志高远，弘己毅。

效羲皇，法天地。学圣贤，知孝悌。

守谨信，亲仁义。正身心，除陋弊。

强体魄，好学习。兴中华，齐努力！

（二）真情动人，伏羲班在诚信中启航

北京的一个教授在土桥小学办了个实验班的消息不胫而走。伏羲班是怎么回事，多数人都不知道。大学教授到农村小学，他要干什么？是来挣钱吗？但学生都是免学费的。可能就是作秀、忽悠吧。人们猜测着，议论着，还有旁观者来问吴教授："听说你来这里年薪 40 万呐。"吴教授笑笑说："年薪 40 万我就来啊？得 100 万才行。"随后，"北京的那个教授特有钱"的消息传开了。吴教授的一个朋友来看他，在兰州机场坐上了出租车，一说起甘谷伏羲班，司机就滔滔不绝地说开了，话题的中心还是"到土桥小学的那个教授特有钱"。其实吴教授来甘谷是义务的，没有一分钱的收入。传说"年薪 40 万"，他为什么不解释，还顺杆爬，说"得 100 万才行"。吴教授说："如果你说一分钱没有，人家肯定不信，即使相信，也会认为你是傻子，有病，这会影响办伏羲班。这么傻的人办事还靠谱吗？""那人家找你赞助怎么办？"吴教授笑了笑，没说话。他何尝不知道这个危险。如果有人来要赞助，的确很为难。给吧，

办伏羲班的钱都是朋友赞助的，本来就不多；不给吧，又会得罪人。好在没人马上伸手要赞助，而生活中大家也看不出吴教授是个特有钱的人。穿衣打扮比当地人还土：过时的军大衣，露着脚跟的袜子。吃饭也毫不讲究，每次在外边吃饭都毫不在意人们的目光把剩菜打包带回家。描红字帖裁下来的纸边，别人练字用过的废纸，甚至连涮毛笔的水他都要收起来，自己用来练字。道路泥泞，他可以拎着鞋，深一脚、浅一脚地从村口走到学校。办公室破烂不堪，裸露的房顶不时掉土，他就和老师们买来条纹布自己动手吊顶棚、修门窗。办公室和租住的房屋里都需要画案和书架，他就买来木条、角铁、大芯板，借来锯子、电钻，亲自动手做。

书架的隔板都是到街上去捡人家丢弃的废板条来拼。有人问：“你为什么不买？”他说：“钱是朋友们资助的，每一分都要花在该花的地方，能省就要省。”学校本来是想让吴教授赞助整修校门的，但看到吴教授书桌、书架都是自己做，也就没好意思开口，而是组织老师们自己动手将校门洗刷一新。

初来甘谷，吴教授知道人们都在观察他，看他到底来干什么。也不时有流言传来，不管听到什么，他都是笑笑。他明白，要想得到人们的理解和信任需要有个过程；他深知，一个行动比一百个解释还重要。他每天早出晚归，即使通宵熬夜，也是早晨6点多就到学校。中午就在办公室里吃饭，然后把椅子拼起来休息一会儿。周末，他会带一些学生到住处，和学生一起生活，教学生日常生活中的礼节。

有时候天气热得床上挤不下，他就让学生睡在床上，自己

◎ 学生在吴鸿清教授住处开心地玩耍、生活

睡地板。有的孩子尿床了，吴教授毫无怨言，而是笑着晾晒被子，和孩子一起欣赏被子上的“地图”。村里有几位德高望重的老人经常来办公室聊天。一次，一个学生尿了裤子，老师把学生带到了办公室，吴教授二话没说，脱下军大衣把孩子裹起来，然后在炉子上耐心烘烤尿湿的裤子。热腾腾的臊气扑鼻，但吴教授跟没事人似的，边烘烤裤子边和老人们聊天。老人们被深深地感动了，都说：“吴教授真是爱孩子啊！待孩子比他们的父母还好，孩子的父母也没有这样给孩子烤裤子的啊！”从那以后，老人们到学校来得更频繁了，他们不是来聊天，而是到处找活儿干。硬化操场，整修练功的教室，更换漏雨的屋瓦，分文不取。

老人们的行动又深深感动着吴教授。他常常说：“滴水之恩，当涌泉相报。我永远不会忘记大家对伏羲班的支持。”2008年夏，张建清老人逝世，吴教授冒着酷暑，用了几天时间，亲手为老人书刻一通碑。

吴教授待人真诚，正是这种真诚赢得了家长们充分的信任，正是在这种充分信任的基础上，伏羲班的教学实验才能顺利开展。即使有的家长对伏羲班的某些安排不太理解，但他们也完全接受，因为他们毫不怀疑，吴教授这样做肯定是为孩子好。2013年以来，全国各地的许多伏羲班都遇到了和家长沟通的问题，而当年的甘谷伏羲班却没这样的问题，这的确是个奇迹。

（三）大道至简，教育改革在常态条件下进行

伏羲班的教育理念是十个字：“教人伦，顺人性，终生受益。”教人伦，就是首先教孩子做人的道理，这本来就是教育存在的根本理由；顺人性，就是一切教育活动的安排都要符合孩子生长的规律，符合认知规律，这也是没有异议的共识；终生受益，就是让孩子学习终生有用的课程和教材，没用的不要学，不是终生有用的不要在基础教育阶段学。这似乎也是常识中的常识。基础教育，是为孩子打基础的教育，打什么基础？走出校门在社会上发展的基础，一生幸福的基础。如果基础教育阶段学的是没用的，那叫什么基础教育。伏羲班的教育理念不是挂在嘴上的口号，不是贴在墙上的标语，而是体现在伏羲班的教学计划中，体现在每天的教育活动中，体现在每一个教学细节里。

伏羲班教育改革的做法很简单。

一是改变了教材。语文课上学习古代经典，现行的语文教材作为课外阅读让孩子回家自己看。古代经典怎么学习？就是指读背诵。吴教授强调，不要讲解，学生不问不讲，问也少讲。为什么学习古代经典，就是因为经典里面不仅有人伦，更有无尽的智慧，学习古代经典可以终生受益。为什么指读背诵而不讲解？因为指读可以同时认字，背诵可以开发记忆力，都是能收到事半功倍、一举多得之效。

伏羲班一年级学了《弟子规》、《三字经》、古代诗词和吴教授编写的《常用汉字歌》60 多首；二年级背诵了《千字文》、《学对歌诀》、古代诗词和《常用汉字歌》；三年级和四年级上学期背诵了《论语》。

◎ 伏羲班的孩子们在上书法课、武术课

二是调整了课程。书法、武术是每天一节的必修课。为什么增加这两门课？因为书法、武术的素质含量高，学好了可以终生受益。

是不是素质教育的根本标志是课程和教材素质含量的高低。素质含量低，取消考试也不是素质教育；素质含量高，天天考试也是素质教育。

品德课和科学课没有专门开设。吴教授说《弟子规》的品德含量远远超过《品德》教材，学习并力行《弟子规》就是最好的品德教育，每个老师首先是品德老师，然后才是学科老师。科学课的科学含量也不高，孩子通过大量阅读科普读物，学到的科学知识远远超过了科学教材。

英语是小学的必修课。普通班是三年级开设，每周两节课；伏羲班调整到六年级开设，每天两节课。为什么这么安排？吴教授说，先学好母语更重要，同时这样安排也可以提高学习效率，实践证明六年级学习英语也完全可以。

切实减负是伏羲班教育改革不可触犯的重要原则。伏羲班规定，一、二年级不用硬笔写字，不留任何书写作业。三年级以后，单科书写作业不超过20分钟。实际上只有语文、数学两门课，作业不超过40分钟。为什么这么做？因为孩子的手指还没有发育好，过早写硬笔字有害无益。家庭作业太多影响了孩子的睡眠和娱乐，势必造成丧失学习兴趣，产生厌学情绪，其害无穷。为了避免赶教学进度给老师和学生带来的教和学的压力，伏羲班没有规定教学进度。每当老师问“教到哪儿”的时候，吴教授总是回答“你看着办”，吴教授不断强调：“宁可不学，也不要学伤。今天不学，以后想学了，还可以学好。如果学伤了，终生厌学，永远没希望了。”

三是不挑选学生。伏羲班开办近一年的时候，一次县里领导到学校来，看到伏羲班孩子脸上洋溢着笑容，开心地背诵经典，展示着书法、武术，十分惊讶。问吴教授说：“吴教授，你这些孩子是怎么选出来的，怎么一个个都这么可爱。”吴教授说：“这些孩子都是按报名顺序招的，没有选。”是的，如果学生经过挑选，这个实验再成功，也没有说服力。

四是不挑选老师，也没条件选。学校老师人手少，只能给配备两个老师，武术、音乐等老师都是在县里聘请的。

教书法的志愿者离开以后，给吴教授做饭的牛霞梅兼任了书法老师，并且教学取得了良好的效果。

五是教学条件因陋就简，不追求高大上。甘谷是国家级贫困县，土桥小学的教室里没有任何电教设备，普通班上课就是使用黑板、粉笔，粉笔还是定量的。伏羲班的教学条件和普通班不同的是，粉笔不定量，教室里安装了简易的音响，可以播放音乐、朗诵。教室里有书架，书架上有许多课外书，学生可以自由取书阅读。语文教材是自己打印的，书法字帖是自己用手摇油印机印的，书法学写大字的时候，为了节约纸张和墨汁，就蘸水在地上写。

很多地方办伏羲班首先就提出老师和老师培训的问题，说起来令人难以置信，伏羲班的老师从没有外出参加什么培训，吴教授也没有对他们进行教学的培训，只是偶尔开会交流一下情况。吴教授对老师没有备课要求，没有教学进度的规定，只要求记录每周的教学内容，要求两个星期写一篇教学心得。

伏羲班的教学主要是本校和当地老师负责的，吴教授不上课。有位香港中文大学毕业专门研究中国古代哲学的硕士研究生曾经在甘谷土桥小学支教一年，吴教授只允许他和孩子们玩，也不准他上课。这是为什么？吴教授对这位研究生解释说：“伏羲班的教学实验要证明的是学生学什么课程好，学什么教材好，不是老师怎么教才好。如果你一上课，我一上课，就说不清楚了。别人都会认为是老师教得好，这个教学实验就彻底失败了。”

从一开始，吴教授就充分考虑到了教学实验广泛的可复制性的问题，伏羲班教育改革所有细节都是着眼于全国小学的现实条件来设计的。土桥小学的黑板、粉笔，全国每个学校都有，比土桥小学的还好；土桥小学的老师、学生，全国每个学校都有；伏羲班教室里的 VCD 和课外书，全国每个学校都可以有。正是这种坚持在常态甚至可以说是在十分简陋的条件下进行的教育改革，使伏羲班具有了广泛的可复制性，也才使伏羲班如雨后春笋，遍地生长。

（四）被迫应试，伏羲班一考定军心

说到伏羲班，更多的人关心的核心问题是会不会影响考试成绩。当下教育，分数成了教育的唯一追逐，应试也成了教育的唯一属性，死整蛮干成了教育的唯一法宝。至于孩子快乐不快乐，幸福不幸福，没有人去关注。为了分数，孩子的娱乐被

剥夺了，睡眠减少了，童真不见了，抑郁症越来越多。

伏羲班的学生没有什么学习负担：书包是轻的，轻得用个小塑料袋就可以提起来；作业是少的，少得连家长都有些担心；他们四年级之前没有参加过任何统考。

在人们眼中，考试成绩是天大的事情。考的内容才是应该下大功夫学习的，连看课外书都会被认为是浪费时间。伏羲班语文课学的是古代经典，考试不考；伏羲班学的书法、武术，考试不考。而考试要考的内容伏羲班却没怎么学。“伏羲班学的都是没用的，考试不行。”从一开始，这样的议论就在甘谷传播，甚至传到了天水市领导的耳朵里。吴教授毫不在意，他相信伏羲班学生未来考试的成绩不会差，他相信事实胜于雄辩，而眼下最重要的是争取时间学习经典。当初给孩子报伏羲班的时候，家长们没有想过考试的问题。一到三年级，家长们看到伏羲班孩子学得尊老爱幼，彬彬有礼，能文能武，多才多艺，都非常满意，什么传言都没放在心上，他们似乎不知道还有文化课考试的问题。但伏羲班升入四年级的时候，眼看就要考初中了，这些传言开始搅得一些家长心神不宁，他们在考虑“还要不要上伏羲班”，有人甚至动员家长赶快给孩子转班，“千万别把孩子害了”！

“吴老师，赶快开个家长会稳定军心吧！有的家长要给孩子转班了。”有位老师着急地跟吴教授说。吴教授经常接触家长，家长们的担心他哪里能不知道。将心比心，家长们的担心完全是正常的，是可以理解的。但他知道，此时要想让家长放心，不是开个会就能解决的，必须要用事实说话，这事实就是考试成绩。吴教授左思右想，如果参加考试，就要调整语文教学计划，耽误了学经典的时间，实在可惜。但如果不参加考试，家长不安心，转班的多了，教学实验就不能继续进行下去。两相比较，吴教授作出了惊人的决定：四年级期末伏羲班学生参加全学区统考。这时候距离考试只有一个学期的时间了，学区统考的许多内容伏羲班没学过，能考好吗？如果考不好，对伏羲班的教学实验来说，那将是灭顶之灾。关心伏羲班的人都为吴教授捏着一把汗。

为了参加考试，伏羲班调整了四年级下学期语文教学计划，主要把四年的语文教材捋了一遍，迎战考试。

2010 年 7 月 10 日，考试成绩出来了，伏羲班的数学平均分全学区第一，语文全学片第一，如果和同年级普通班比，数学、语文成绩都是第一！

老师们笑了，家长们踏实了，吴教授也笑了，踏实了。以往所有关于伏羲班的负面传言不攻自破、烟消云散了。从此，再没有家长考虑要不要继续让孩子读伏羲班的问题。

后来天水市一位曾经听说过不少传言的领导问吴教授：“你为什么不来解释一下？”吴教授笑笑说：“解释也没用啊！”有的老师愤愤不平，说：“这么考试不公平。为什么不让普通班也考考伏羲班学的内容？”吴教授说：“我们参加考试不是为了要公平，而是为了让家长们放心，让教育实验继续进行下去。”

考试后，有位朋友问吴教授：“你不担心考砸了吗？”吴教授说：“也有点担心，主要是孩子的能力刚刚开发，用一个学期学四年的语文时间太短了。如果再晚些，孩子举一反三的能力更强，效果会更好。”

当初办实验班吴教授提出的重要条件就是“四年级之前不参加任何统考”。吴教授认为四年级之前孩子还没有什么举一反三的能力，是属于教一会一的阶段。四年级之后，孩子们前三年学的经典等就可以转化成能力。但他并没想四年级一定要参加考试，他觉得越晚参加考试越好。一来可以赢得更多的学习经典的时间；二来孩子的能力更强，学习体制内教材的效率更高。为了参加考试而学体制内的语文教材，肯定会耽误学习终生受益的经典。甘谷伏羲班已经用考试成绩证明了伏羲班的教育不会影响考试成绩，之后没有必要再浪费时间去证明了。

（五）完美收官，伏羲班成功的原因何在

2012 年 5 月 1 日，土桥小学洋溢着节日的气氛。充气的彩虹门上写着“热烈祝贺甘谷县永安伏羲学校教学楼落成典礼圆满成功”。

昔日的平房、危楼不见了，一座崭新的教学大楼拔地而起；昔日一下雨就泥泞不堪的黄土地变成了水泥路。人们喜气洋洋，伏羲班的师生家长更是喜不自胜，因为第一个伏羲班马上就要整体升入初中了。

新的教学大楼是吴教授的大学同窗方风雷和他的朋友慷慨解囊捐助资金建造的，在第一个伏羲班的孩子即将升入初中之时落成，也是为伏羲班教育改革实验画上了一个圆满的句号。

2006 年，当吴教授说起要到甘谷进行为期 6 年的教育改

革实验的时候，大家都觉得时间太长了。如今回首，6年的时间眨眼间就过去了，伏羲班的教育改革实验也即将结束了。甘谷县一位领导问吴教授：“吴教授，你想过没想过，你这个教学实验有可能失败？”吴教授说：“没想过。肯定成功，不会失败。”“任何事情都有两种可能，为什么你只想成功，不想失败的可能？”吴教授回答说：“您说的道理不错。任何事情都有两种可能。但对伏羲班的教育实验来说只有一种可能，就是只有成功，没有失败。因为伏羲班做的不是别出心裁，而是几千年来无数的事实证明过的成功的教育。伏羲班只是再证明一下而已，怎么可能失败呢？只要能坚持下来，肯定成功。一切只是时间问题。”

6年前，在筹备办伏羲班的时候，不少朋友都问过吴教授同一个问题：“你的这个实验结束之后，怎么请专家认定？怎么得到教育部门认可？”吴教授说：“我不会请专家来认定？不会请教育部门认可。因为这是他们的事。我只是个老百姓，我只能做我能做到的事，只要家长满意，家长认可就行了。”2013年以来，吴教授应邀到全国各地介绍伏羲班，他毫不掩饰地说：“伏羲班教育改革的实验是成功的，这只是我个人的结论。”他丝毫不担心对结论权威性的质疑，因为这结论不是信口胡说的，“成功”二字的内涵是伏羲班孩子们优异的表现，是伏羲班孩子、家长们满意的笑脸和越来越深的感激之情。

伏羲班孩子的礼貌是出名的，参观大象山的时候，导游称赞说：“从没见过这么有礼貌的孩子。这些孩子真是文明的小使者。”在村里，看到彬彬有礼的孩子，村民们就会说，“这是伏羲班的娃娃。”2008 年和 2010 年，伏羲班两次到天水市伏羲庙拜祭人文始祖，学生们的经典朗诵、器乐演奏和书法、武术表演让围观的群众大为惊讶，如果不是亲眼所见，他们根本不相信在甘谷农村竟然有这样一群能文能武、多才多艺的学生。

伏羲班学生的书法作品选送到市里展览，评委们根本不相信是七八岁儿童的作品，在现场看着稚气未褪的儿童凝神悬腕，笔走龙蛇，无不交口称赞。2010 年，教育部举行全国学生规范字书写大赛，在为数不多的获奖学生中就有伏羲班的 3 名学生：张亚慧获二等奖，张昕雅、姚亚梅获三等奖。2011 年 10 月，伏羲班 20 名学生应邀到香港、澳门参加纪念辛亥革命 100 周年的活动，学生现场展示了经典背诵、书法、武术和器乐演奏，受到热烈欢迎。不论在交流现场，还是在宾馆住宿，不论走在路上，还是接受采访，孩子们落落大方的表现赢得了广泛的赞誉。小学阶段背诵的经典诗文，更使他们初中以后的学习后劲十足。

人们总是以考试成绩高低去衡量教育成功与否，伏羲班四年级期末考试成绩一鸣惊人，中考的成绩也十分骄人。2015 年 7 月 23 日，甘谷县永安伏羲学校举行了首届伏羲班毕业典礼大会，甘谷县土桥初中姚广军校长介绍了首届伏羲班的中考情况：

全校参加中考的学生共有 187 人，其中普通班共有 161 人，伏羲班 26 人。

生均总分：普通班 535 分，伏羲班 536.2 分。

全科合格率：普通班 22.98%，伏羲班 19.23%。

高分段学生分布：700 分以上全校共 10 人，普通班 5 人，占 3.11%，伏羲班 5 人，占 19.23%。（伏羲班张旭博 727.9 分，张弛 719.8 分，姚捭峰 708.9 分，姚亚梅 708.2 分，张佳佳 707.5 分）

升学录取情况：二中 10 人（包括美术特长生 3 人），三中 4 人，六中 4 人，像山中学 4 人，育才中学 1 人，县职专 2 人。

升学率比较：全县公办高中 51.4%，我校 62.6%，伏羲班 69.2%；全县公办、民办高中 65%，我校 80%，伏羲班 88%。

这些没有丝毫水分的数字充分说明，伏羲班的教育改革实验是成功的。

这仅仅是参加普通班考试的成绩，如果综合考察，又该如

◎ 2014 年 7 月 23 日，吴鸿清教授和初中毕业的首届伏羲班学生及家长合影

何评说呢？

伏羲班只是改革了教材和课程，没有投资，没有改变教学的任何硬件条件，没有利用任何先进的教学设备，甚至连教师培训也没有，学生学得轻松快乐，老师也没有过重的负担，为什么能取得这么好的效果？真是令人难以置信。曾有人到甘谷暗访，看看情况是不是像吴教授介绍的那样，尤其是看看学生回家是不是没有学习负担，结果是没有任何新的发现。

2013 年以来，有不少学校办了伏羲班，但总觉得不放心，家长不放心，老师不放心。为了放心，就同时学习体制内的教材，以为这样做就可以万无一失。结果是劳而无功，劳而有过，学生苦不堪言，家长也怨声不已，纷纷转学。这是因为没有真正理解伏羲班为什么会成功。

伏羲班成功的根本原因在于首先解决了教育的根本问题。

教育的根本问题是什么？吴教授认为教育的根本问题不是什么教育公平，不是什么大楼和校园，不是什么教学设备，不是什么教师水平……教育的根本问题首先是课程和教材的“营养”（素质含量）问题。吴教授以婴儿奶粉为例，说明课程和教材“营养”（素质含量）的重要。他说：“‘阜阳奶粉’‘三鹿奶粉’事件很不幸地证明了一个常识的道理，即：婴儿能否存活、能否健康成长的决定因素是食品！如果喂‘阜阳奶粉’‘三鹿奶粉’，一个孩子即便每天由 24 个世界顶级的护理专家看护，住在七星级的别墅里，也不能存活；如果喂有营养的奶粉，即使一个什么护理知识都不懂的人看护，住在非常简陋的土房里，也能健康成长。为什么伏羲班教学实验只做了一件事就有这么明显的效果？就是因为解决了孩子身心健康成长的‘精神奶粉’问题！婴儿阶段最好的食品是‘母乳’，即使在出现无数科学创新的今天也没有改变这个简单的事实。优秀的中华传统文化经典课程和教材是中国人的‘母乳’，是永远不过时的！”虽然这些掷地有声的话语并不高深，都是生活常识，都是朴素的道理，理解起来并不难，但要接受而做到并不容易，因为只有不唯上，不唯书，不唯专家，更不唯我，只唯孩子身心健康成长的人才能真正理解，才能不打折扣地做到。吴教授说：“伏羲班教育改革实验的基本目的就是提供两个‘证明’：第一个证明，‘食品’——课程和教材是第一位的。第二个证明，中国古代教育的基本课程和经典教材是最适合孩子学习的，是祖宗留给我们的宝贝，是不过时的！”伏羲班用铁一般的事实充分证明了它想证明的道理，常识般的道理。在这个意义上更可以说，伏羲班的教育改革实验成功了。

（六）功成身退，伏羲班给教育改革留下了什么

2012 年 7 月 1 日，中央电视台“城市 1 对 1”节目播出了伏羲班和台湾关于传统文化教育对话的节目，伏羲班在全国产生了很大的影响。

2012 年 11 月 4 日，在联合国教科文组织多元文化论坛上，吴教授以“中国古代的教育智慧是不过时的”为题介绍了伏羲班，并承诺要在国内复制 100 个伏羲班。随着网络的传播，知道伏羲班的家长、老师越来越多，他们渴望孩子上伏羲班，家

长找老师，老师找校长，校长找教育局，没有任何行政命令，相反，还有重重阻挡。但许多学校克服了难以想象的困难办起了伏羲班，办起了伏羲幼儿园。2013 年秋，全国各地自发办起了 100 多个伏羲班，吴教授原本计划用 5 年时间完成的目标不到 1 年就完成了。2014 年春节，在海南伏羲教育师资培训营上，吴教授说：“伏羲班的使命已经完成了，我的使命也完成了，该退隐了。伏羲教育的使命开始了。”

伏羲班的使命是什么？伏羲班的使命是促进小学基础教育改革，就是用事实说明小学基础教育阶段，孩子学什么课程好，学什么教材好。当伏羲班六年的教学完整结束之后，它的使命就已经完成了。

伏羲班的使命结束了，但吴教授并不认为伏羲班的教育改革实验是一个完善的实验，相反，他认为伏羲班的教育改革实验还是一个不完善的实验。这个“不完善”是现实条件的要求，正是这个“不完善”，才使伏羲班具有了广泛的可复制性。“伏羲班的教学实验没有什么神秘之处，只不过是把中国古代教育优秀的课程、教材和成功的经验捡拾起来了一点儿，用了一点儿，用得还不够好，但学生的综合素质已经令人刮目相看。”“伏羲班真正的意义在于开了个头，为更完善的人本素质教育开了个头，为中华传统文化全面复兴开了个头。”

伏羲班的使命结束了，吴教授退隐了，2015 年以来，他不再参加论坛讲座，不再在公开场合介绍伏羲班。他说：“要做好伏羲教育，一定要淡化个人色彩，甚至要淡化伏羲教育的色彩。”

伏羲班的使命结束了，但基础教育改革任重道远。伏羲班给我们留下了什么？这是一个值得研究的问题，还有待更多有志于中国教育改革的志士仁人思考和认识。

姜来　伏羲教育

二

让乡村孩子回家的学校

河北南陈村小学

在广袤的华北平原，祖先们耕种、经商，养育后代，一辈又一辈。乡村中的人们经历过战争，也安享过宁静；面对过饥荒的威胁，也享受过丰收的喜悦。现在乡村中的人们，正亲历着：成年人离开家乡，到城市谋生；孩子到城市里读书、长大、远离乡村。不知道未来的乡村是怎样，只知道，往昔人丁兴旺、温情热闹的乡村，在变“安静”，而这安静中，却有许多的躁动——躁动中夹杂的是离别的脚步声。那些选择离开乡村的孩子，有主动的、有迫不得已的、有盲目的，缘由不尽相同。相同的是，曾经他们的父母读书的那所学校，背着小书包和小伙伴拉着手唱着歌就能走到的学校，中午放学能回家吃个午饭再回来继续上下午课的学校，那个乡村文化的中心与高地，在进城读书的孩子脚下，渐行渐远。

人们都说，从小长大的地方，会在生命中烙下深刻的印记。每个人的心中，都该有一个故乡，而这故乡，应是童年生活、学习、玩耍的地方，是一生的牵挂和念想，长大后才心有归属，行有约束。往返于城市与乡村之间的孩子，在城市是客居，于乡村却又有些疏离，他们心中的故乡不容易安放。许许多多的人们有一个向往城市的梦想，好像远行才是伟大，留下就是卑微。

在众多的村子中，有这样一个村子，叫作南陈村，位于河北省邢台市桥东区东郭镇，离市区只有3公里远，属于城郊村。开车的话，十几分钟就能从村子来到市区。倘若是放在北京，开车十几分钟的地方，是近得不能再近了，然而这里不是北京，所以，城依旧是城，村依旧是村，和其他村子的区别就在于进城方便一些。南陈村现在有村民2000多人，其中务农者已经很少了，大多是做小生意或在邢台市打工，一般不会到离家很远的地方。南陈村有一所小学，我们要说的，就是这所小学的故事，为了把这所小学的来龙去脉说清楚，我们的讲述会先围绕这所小学的几位教师展开。

（一）外面的世界每天在变，南陈村小学"渐行渐远"

南陈村旁边有条河，叫七里河。不知多少年，始终静静地流淌着，也见证着这个村子、这所村小的起起伏伏。

坚守——在艰苦的环境中静静流淌的"小溪"

讲一所学校的历史，太过宏大，就从一位老师的眼睛看这所学校的过去吧。这位老师在这所小学已经工作了16年，她说，她像一条静静流淌的小溪。她本名叫奚志英，出生长大在河北邢台的农村，是土生土长、地地道道的农村娃。从小努力读书，初中毕业后考上了石家庄幼师，算是赶上了中师的末班车，从考上的那年就开始她改叫溪志英。怎么姓氏上就多了

“三点水”呢？原来在中师入学办档案的时候，工作人员说电脑里打不出“奚”字，只能打出“溪”字，于是，奚志英就变成了溪志英。音没变，但是名字里多了三点水，生命也因此多了更多的柔韧和滋味。

石家庄幼师是个女子学校，封闭式管理，那三年，溪志英成长了不少。用老师的话说，在这里，不仅能够学到师范生的基础文化课，更重要的是在音乐、美术等课程上也能够受到专业的培训，学生们会受用一生的。后来的经历证明，老师的话说得非常对。

1998 年，溪志英幼师毕业，还没工作就出了一次车祸，不过还好，命保住了，只是腿粉碎性骨折，而后就在家养病。直到 2000 年才分配工作，被分到南陈村小学，报到的时候，腿还没有好利索。或许是大难不死的缘故，溪志英感觉很知足。那年一块儿分配到这所学校的一共是 4 个老师，老校长高兴得合不拢嘴，可是，他没想到，有一个新老师，报到的那天刚进校门，就扭头哭着回家了。学校环境确实挺差的，取暖的是小煤炉，教室窗户钉的是塑料布，冬天寒风刺骨，夏天暑热难耐，上个土厕所都是需要勇气的。

当溪志英同学成为溪老师，在那以后漫长的日子里，她逐渐体会到，十几年来寒窗苦读的意义，师范学校老师那句话的深意。来到南陈村小学，老校长和蔼地问她，你哪里毕业，学什么专业。当他知道眼前这位年轻的老师会弹琴的时候，居然高兴得跟孩子似的，咬牙拿出 800 块钱让溪志英跑到市里买了一架电子琴，也就是从那个时候，学校开始有了歌声。刚到南陈村小学那会，学校学生很多，大约有400人，每个年级都要分甲乙班，一个班40多个孩子。溪志英来了没多久就当了班主任，那时候是包班制，一个人在40多个孩子的教室，一待就是一天。有时候，星期天都跑到学校陪孩子们练节目。虽然学校的硬件条件很差，但是她的工作热情很高，努力工作，努力教书，目标就是保证学生考试得第一。

时光荏苒，这一待就是16年。其间通过自学，溪老师取得了大学本科学历，评上了中小学一级教师。这些年里，跟她一块儿分到这儿的老师陆续都走了，她没走，不是没想过，大约是2010年前后，为了自己的孩子，想要调到城里。最终没走成，一来校长不放，因为学校确实缺老师，她也做不到不管不顾这一切；二来，也确实舍不得这个村子、这些孩子，10年了，已经和这里有很深的感情，这所学校已经是生命中重要的牵绊。

溪志英后来入了党，担任副主任，除了教课，还要负责辅助校长做好学校的行政工作。那时候，学校没有电脑，局里需要上交的资料，都是回家以后写，用她自己的话说，每天像个小陀螺似的乱转。也是因为工作积极认真努力，为村里也贡献不少力量，2011年还被选为乡代表，参加了桥东区第七次人民代表大会。虽然每天还是往返两次总共30公里的上班路，但还是就这么踏踏实实地干下去了。学校里其他的许多老师也是一样，认认真真、本本分分地工作，无怨无悔。

困惑——乡村孩子被甩得越来越远

这世界变化得越来越快，经济飞速发展，交通越来越发达，通信越来越便捷，城市建设搞得如火如荼，村子与城市的距离越来越模糊……村里许多青壮年到城市里去打工，或者在城里买了房，在城里生活，也带了孩子去到城里的学校上学。2010年前后，村子拆迁，许多人是在这个时候带着孩子进城的，村里好几个老师也是在这个时候调走的。教师不稳定，加上当时还传言学校可能会被撤并，让还留在村里的家长心里发慌，不少人也跟着将孩子送到了城里的学校。到2011年时，南陈村小学学生就只剩下80人了，全校人数大概是溪志英刚来南陈村时一个年级的学生人数。学生这么少了，溪志英作为学校的主任，心里特别着急，她觉得不能关着门坐在学校里等着孩子就这么一个一个走了，要主动出击。于是，她开始带着老师们到有学龄孩子的家里，一家一家走访，跟家长介绍学校的情况，并且敞开学校的大门，打开教室的大门，家长随时可以来学校听课。在溪志英的记忆里，此前，就算是学生人数比较多的时候，家长和教师的关系也都是挺紧张的，经过这样的沟通，家长对学校了解得多一些，理解也多了许多，关系好多了。加上学校确定了不会被撤并，所以一些家长又将孩子送回了村小。然而，也并没有往昔的热闹了。

在教育系统内部，改革的浪潮也是一波接一波。溪志英逐渐感觉到，简单朴实的校园生活，已经满足不了孩子们的需要，她感觉自己和同事们践行的教育好像是跟不上时代的步伐了。村里的老师和孩子每天的接触面非常狭窄，虽然她们会尽力地在校园内组织一些活动，但还是感觉活动的形式、效果缺少亮点，久而久之，很多活动也流于形式。在村小，出去学习和参加活动的机会少，老师和孩子也就变成了“井底之蛙”，偶尔出去一次胆子都很小，没有自信。溪志英说，比如她去区里参加优质课评选，往那一站，从心理上就感觉输了，何况单轨学校没有那么雄厚的教研力量，所以准备的课，没有专业性的指导，也总是觉得拿不出手。刚参加网络国培学习那会儿，作业里要求录制一节微课，她把课准备好了，却不知道怎么录，于是拿着手机，在下面垫了好多书，录制电脑屏幕上的课件，然后自己讲解。这样录了整整一天，效果也不好，后来才知道有录屏软件。她深深慨叹，在信息技术的掌握上，作为乡村的老师确实落后很多。再说孩子，孩子们出去参加比赛，表现也是胆怯、自卑、紧张，根本没有享受到活动带给自己的快乐。这样的现状，也让溪志英感到很茫然，自己需要学习，需要提高，如果给不了孩子们全面先进的教育，再加上家长的不积极、不配合，就很难全面提高孩子们的综合素质。

溪志英的困惑不是特例，学校里其他老师们也感受到了外面的变化和自身的差距，他们想要改变，想要做些什么，改变自己，也为留在村小的孩子们带来更好的教育。但是，他们只看到了问题，暂时还没有想到更好的解决办法。

（二）校长牵头，公益助力，南陈村小学“峰回路转”

2015 年 2 月，南陈村小学调来了一位新的副校长——尹文明。尹文明原来是一所城区学校的主任，来南陈村小学做副校长是主动请缨。在大家都找门路往城里调的时候，为啥他却偏偏逆着潮流往村里走呢？用尹文明自己的话说，他过去的几十年都虚度了，他想在学校里做真正的教育。在城区的大学校，几千人，不要说一个主任，就是校长也什么都不能做，什么都不敢做，安全和稳定是最关键的。而村小里面百十来个孩子，这是真正有教育土壤的地方，是真正可能开出花朵的地方。现在，村里的许多孩子为了追求城里所谓的优质教育资源，乡村城市两头跑，对孩子、对家长来说都是折腾，并且，城里学校动辄七八十人的班额，谈“教育”二字简直奢侈，最多是“管理”。他真心想做好一所村小，让乡村的孩子能够回家，回村，有根，也给自己的人生一个交代。

100，是尹文明刚来到南陈村小学时的学生数。他一直在思考如何兑现在内心给这100个孩子许下的承诺。刚开始，尹校长也并不是胸有成竹，毕竟是第一次做校长，而且是在村小，和原来工作过的学校都不一样。人们都说新官上任三把火，他并没有上来就大张旗鼓地“放火”，而是静静地观察、聆听、了解，开始他做得最多的就是到班级里听课、思考、梳理。

很快，尹校长的心里有谱了。学校像一所年久失修的船，要补的地方太多了，但是一下子做不来。比如，许多老师还在按几十年前的老路子照本宣科地教书，但是如果贸然开展教研和整顿，必然会引起老师们的反对，在和城区学校相比这么艰苦的环境下，老师们能坚守下来，已经值得称赞了。最后，尹校长从众多亟待解决的问题中选了三个，给自己定下第一年的目标，这三个问题是：图书、水和取暖。关于图书，尹校长发现南陈村小学虽然有个图书室，但是里面有限的图书已经非常陈旧了，并且许多也并不适合学生看，所以，这个图书室的基本功能是应付检查。“阅读是基础教育的基础”，这一点做不到，其他的教育无从谈起，尹校长这么认为。关于水，也是个历史遗留问题，南陈村小学校内没有符合标准的饮用水。村里水塔的水通到了学校，由于水压小，已经有 10 年不出水了，用水泵抽有时能出点水。还有一口井，离厕所很近，根本不能饮用，只能作为清洁用水。所以老师和学生平时要么从家里带水，要么买水。关于取暖，南陈村小学地处华北平原，冬天零下十几摄氏度，室内不取暖根本无法上课。现有的二层教学楼只有一层有暖气，二层没有，所以一到冬天，原来在二层的班级就要到一层很小的教室来上课，其他功能教室一概关门无法使用。尹校长认为，基本的“民生”问题都不能得到解决，谈何做好的教育，又有什么理由让老师跟着你一起学习、教改、创新呢？

问题梳理清楚了，但是尹校长为难了，解决上面三个问题哪个不要钱？作为只有 100 人的村小，每年的公用经费就那么几万元，维持学校一年基本的运营还要精打细算，哪里能拿得出钱来买书、通水和装暖气。去和教育局申请也不现实，区域管辖的村小那么多，不可能单给你南陈村开小灶。

不过尹校长还是觉得，不能就这么“坐以待毙”，努力寻找，一定有突破口。套用一句老话，机会总是给有准备的人。尹校长一直以来都关注各种教育的信息，有一次在浏览教育资讯的时候看到一条杨东平老师在国家图书馆的沙龙信息。对于杨东平老师他早有耳闻，杨老师多年来一直带领他的团队做乡村教育研究，为乡村学校呼吁呐喊。尹校长决定去北京参加这场沙龙，主要是见见杨老师，对于能得到什么，他一无所知。出门就要钱，学校拿不出这笔钱，他就自己掏腰包。沙龙结束后，杨老师被团团围住，尹校长等了半天终于有机会直接和杨老师谈话。没有那么多客套，就说自己是南陈村小学的副校长，学校的情况怎样怎样，他想要怎样怎样，希望杨老师给予指点。杨老师说我们21世纪教育研究院正在做农村小规模学校联盟，就是支持像南陈村小学这样的学校，于是给了他项目负责人的电话。尹校长马上联系负责这个项目的人，说了自己的情况和诉求，记得那天是4月2日，21天后，也就是4月23日，世界读书日的那一天，第一届校园读书节暨图书捐赠仪式在南陈村小学的校园举办。

这个捐赠仪式是尹校长精心设计的，后来在讲起这件事的时候，他称之为“六方会谈”。因为在捐赠仪式上，有学校的全体师生；有图书捐赠机构和阅读推广机构“泉蒙读书会”的代表；有21世纪教育研究院的代表；学校是村里的学校，所以，尹校长邀请了村干部来参加；尹校长还专程跑到区教育局，请来了公务繁忙的教育局局长；最后，还有学生家长参加，并在仪式上发言。尹校长说，学校不是校长一个人的学校。捐赠仪式后，教育局给学校配了书架。尹校长还花2000元购买了一套图书管理系统，所有图书录入系统，学生和教师人手一个借阅证，图书管理除了最开始的几周有教师协助外，之后都是各年级的学生管理员负责。下课铃一响，管理员到岗，借书的同学到图书室里扫码还书，或者到书架上挑选自己喜欢的图书，到管理员处扫码借阅；上课铃一响，所有的学生又都跑回教室，秩序井然，不需要老师强调时间和秩序。由于学生的阅读热情非常高，学校向阅读推广机构申请的第二批图书也获准，并在六一儿童节之前收到。图书室的魅力越来越大，六年级的学生马上毕业了，许多孩子跟校长抱委屈，说好多想看的图书还没有看。尹校长说这个容易，只要学生愿意，上了初中也可以利用周末时间回来借书看。甚至有一些在城区读书的孩子，听说村里学校有了这样一个图书室，都来申请借书证。图书室从一个“摆设”变为学生们喜爱的地方，这让尹校长相信，改变是可能的，并且只要有想法，一定有许多人来助力。

关于饮水和取暖问题的解决，缘自农村小规模学校联盟和北京感恩公益基金会联合发起的“一校一梦想”项目，这是一个通过众筹的方式支持小规模学校解决一些小额基础硬件问题的项目。尹校长获得项目的信息后，迅速填写了申请表，并找到专业人士对学校自来水管流出的水进行检测，并将检测结果、

◎下课铃声一响，学生们就迫不及待到阅览室读书

饮水设备的照片发给公益机构。由于前期的准备工作做得扎实，南陈村这个申请项目成为第一批上线众筹的项目，3 万元的项目两天半筹款完毕，参与捐助的许多是邢台本地的人，这一项目的口号也是“帮帮家乡的孩子”。筹款一结束，饮水改造就开始动工，不到半个月时间竣工，全校师生喝上了直饮水。原来，都是学生老师从家里带水到学校来喝，现在是大家带着空杯子来学校打水，有的还特地带回家里，学生们说感觉现在的水甜甜的。

有一段时间，一位老师反映他们班上的一个孩子上课老是上厕所，开始以为是生病了，后来了解到，自来水修好后，这个孩子就经常去接水喝，喝得太多导致上课老往厕所跑。当然，新鲜的劲头过后，也就恢复了常态。

饮水问题顺利解决了，在冬天到来之前，学校又向“一校一梦想”申请了取暖设备，于是，这个冬天，许多学生不用再受冻了，图书室也不用因为没有取暖设备而关闭。

在“农村小规模学校联盟平台”的支持下，南陈村小学又申请了提高学生信息素养的少年派助学项目、益微青年大学生暑期夏令营项目、桂馨基金会的科学实验器材、歌路营的新一千零一夜项目等。这些公益项目为学校解决了一些切实的难题，同时也丰富了教育教学的内容，拓宽了师生的视野。逐渐让大家相信，有许多人在关注着乡村的教育，而办好乡村的教育，也有无数条道路可以探寻。

（三）教师、课程与课堂，南陈村小学开始探索内涵发展道路

学校“民生”问题基本解决了，但距离做好的教育还很远。要做好的教育，首先要知道好的教育是怎样的，优秀的教师是怎样教书育人的。因而尹校长把握一切机会参加培训，或者把老师送到各地参加优质的培训。2015 年暑假，尹校长参加了 21 世纪教育研究院举办的农村小规模学校教师培训，参与式的学习让尹校长收获很大，对学校教育教学方式的改革有了一些思路。半年后的第二次培训，尹校长带了一位年轻的体育老师一起去；第三次培训，又带了两位特别积极的老师参加。此外，得益于尹校长和老师们在与公益机构合作中的出色表现，南陈村小学老师又获得了许多其他公益培训的机会。这些培训让原来一直沉浸在自己世界的老师们开阔了眼界，也燃起了他们对教育的热情。这一批外出学习的老师，成为南陈村小学推进内涵发展的重要力量。

尹校长听说亦庄实验小学的课程改革做得很深入，很想去观摩学习。许多人说亦庄小学的改革离乡村学校太远了没有借鉴价值，然而尹校长执着地认为，要想做好的教育，就要跟最好的榜样学习。终于在一个开放日，尹校长去观摩了亦小的课堂，几周后，尹校长又带着学校十几位老师到学校观摩学习。乡村学校的老师近距离、长时间观摩名师的教育教学与管理，受启发很大。但是，南陈村并没有因此就成为河北的亦庄小学，因为尹校长知道，这样高难度的教学改革不能贸然照搬，先让老师们解放思想，然后从个别特别积极和优秀的老师开始尝试。

尹校长推荐老师们参加各种优质的培训，将老师们送出去开眼界，现在有更多的老师们思路变得开阔了，并在自己的课堂上逐渐探索新的教学方式，原来自上而下满堂灌的教学模式不再被认为是理所当然，从形式上逐渐丰富起来。老师们开始愿意放下身段和学生交流，尝试用一些分组的方式组织课堂和学习，不再把自己当作知识的中心……许多转变悄然发生。

乡村学校原来的教学内容就是教学大纲上的科目，图书馆重新开放之后，学生们的课余生活丰富了一些，但是，尹校长认为这是远远不够的。城市里的孩子下课后可以选择的活动内容丰富多彩，对于学生们来讲，无论是某项技能，还是自信心和眼界，都有很大的好处，乡村学校也应该有。2015 年秋季学期，南陈村小学开设了书法和葫芦丝两门课，书法分硬笔和软笔，因为写好字本身就是小学阶段应该打好的基础；而葫芦丝是一种非常优美且非常容易学会的乐器，这两门课的老师是从校外聘请来的，每周到学校上一次课。由于实用和有趣，很快获得了学生和家长的欢迎。2016 年春季学期，尹校长鼓励本校的老师开设和自己学科相关的社团活动课。于是，学校有了花样篮球社团、悦读社、美术社团等 8 个社团，乡村学校一下子热闹起来。在学校里的时间不再是死读书和写作业，课后学生们有许多可以选择的学习和活动，满足了不同特质的孩子的不同需求。学校，成为一个值得留恋的地方。

学校的教育要发生深刻的变革，最核心的还是在课堂。尹校长在思考学校发展的时候，无时无刻不在想着课堂的变化。很早之前，他就听说过佐藤学提出的“学习共同体”，也看过他

◎南陈村小学的书法课

的书，之前带领老师们去亦庄也是想看看亦庄小学的实践。一开始他了解这方面的信息是出于好奇和直觉，并不能深刻理解，慢慢看，越看得多了越觉得有意思。一个偶然的机会，尹校长认识了邢台当地一位关注农村学校并且也在做公益的老师，二人聊得很投缘。这位老师提起他有个学生在日本留学，也是搞教育的，就是佐藤学的学生，做学习共同体，现在虽在另一个大学上学，但是始终参与佐藤学关于学习共同体研究与推广的活动。在这位老师的引荐下，尹校长和史欣钰女士认识并开始远程沟通，沟通之后，更坚定了尹校长要在学校里试行学习共同体的想法。与此同时，一次线上学习的机会，尹校长了解到真爱梦想基金会正在做学习共同体的传播和推广。尹校长联系到负责此项目的陈静静博士，沟通之后，申请参加了 2017 年的峰会，并在尹校长的引荐下史欣钰被邀请前来参加峰会。在

◎学习共同体教学研讨会

尹校长的努力下，学习共同体研究院决定与南陈村小学进行合作。

2018 年 4 月 8 日，桥东区学习共同体内部培训会在教育局和教研室的组织下开展，有 30 余人参加。这次培训会是一个序曲。4 月 17—18 日，50 多位来自桥东区以及邢台其他县区的老师和校长来到南陈村参加桥东区学习共同体首次培训会。这次培训内容包括理论讲座、课堂教研和自由交流，是让南陈村小学老师们系统了解学习共同体的理念和操作方法的一次培训。

从学习到实践，需要一个摸索的过程，南陈村小学目前就在这个过程中。集中培训、阅读书籍，打开了老师们的视野，落实到行动，尤其是全校的行动，尹校长和老师们都很谨慎。李凤英老师是学校的主任，专门负责学习共同体项目，尹校长决定任命她来带头攻坚。她现在教三年级，开学之后是四年级，班上30个人，李老师先在自己的班级里践行，摸索出一些门道，积累一些经验后，再带领其他老师在其他班级推行。

（四）信息时代，互联网助力乡村学校的教学与管理

如果问尹校长，南陈村小学仅仅用一年半时间就发生了这么大的变化，最重要的原因是什么，尹校长一定会说，是互联网。没错，是通过互联网让南陈村小学获得了第一个外界支持；用网络管理的手段盘活了图书馆；是互联网完成了南陈村小学饮水和取暖设备的众筹；同时，互联网也连接了南陈村小学的课堂和外面的优质教育资源，连接了南陈村小学的老师和家长。尹校长是一位思想非常活跃的校长，他坚信，我们已经处在互联网时代，必须承认这一事实，并把握好互联网时代的机遇。滴滴打车颠覆了出租车行业；阿里巴巴、京东、当当等改变了人们购物的方式；微信、QQ改变了人们的交流通信方式……而教育，却是目前互联网程度最低的行业。

未来的教育应该是什么样的呢？尹校长认同扎克伯格的预言：

个性化、定制化学习：学生根据自身的兴趣、需要和目标，找合适的老师有针对性地学。

突破时空限制：不受生活地点的束缚，不受同龄人学习进度的束缚，这点当然要通过互联网实现。

学习将成为一种探索：学习将不再是记忆前人的经验、知识，而是掌握可实践的技能，甚至探索前所未有的领域。

教师将不再是一种全职职业：它将不受年龄、职称、学历的限制，只要某个人在某个领域拥有一技之长就可以在这个领域灵活性地教学生。

反观我们现在的教育，班级授课、统一进度、统一作业、标准化考试……可以探索和提升的空间非常之大。

从“连接”到“管理”

现在的学生是互联网时代的“原住民”，而他们的老师和父母，都是互联网时代的“移民”。尹校长认为，如果我们的教育真正做到以学生为中心，就应该考虑到互联网“原住民”的需求，做个“入乡随俗”的“移民”。

互联网不是目的，是工具，利用互联网这个工具，就是利用好互联网“链接”的这个原初属性，连接教师、学生和家长，连接学校和外面的世界。

2015 年 2 月时，南陈村小学的互联网硬件及使用状况是这样的：计算机——学校里有几台计算机但仅限于用来查询资料、收发邮件；手机——有的老师用的还是功能机，有的老师虽然使用的是智能机但是从不上网；网络——只有两个办公室有 Wi-Fi；群——有一个教师 QQ 群，但是群里的人不全，没有班级 QQ 群，与家长的联系方式是学生捎信、打电话或者家长来学校这些较传统的方式。

尹校长调过来后，经常在校内学习的时候讲互联网的知识，提高老师们的网络意识。2015 年 4 月中旬，要求各班建立了班级 QQ 群，要求作业和学校的通知必须都同步在 QQ 群发布，甚至有些不是必须传达到每个人的信息只在 QQ 群发布。

让家长们体验到QQ群的便利，互相影响。同时老师也做工作，动员家长加群。家长们逐渐养成了看群的习惯，有些没有加群的家长也都开始积极加群，群里的活跃度逐渐提升。有段时间经常会有家长来学校咨询老师，用QQ群需要买什么手机，或者买了智能手机不会用来学校找老师帮忙下载QQ软件，甚至还要老师帮他们申请QQ号、加群，教他们怎么看信息、发信息。家长逐渐地都习惯了使用QQ群这个互联网工具，但是这个习惯的培养过程，也很长。

随着微信的普及，学校又建立了教师微信群，通过微信群发通知，吃饭用红包付钱，分享好的文章，等等。直到2016年2月，学校所有老师都用上了智能手机，并加入了QQ群、微信群，都能收发信息、照片、截屏等。QQ和微信让学校老师之间沟通变得方便而快捷，这个过程用了将近一年时间。

家长作为学校的一个重要相关群体，也是需要“链接”的。2016年3月，南陈村小学参与了一个为同学们争取免费校服的公益活动，需要在微信里转发信息，所以临时建了一个“免费校服家长微信群”。活动结束后把这个群改成了“南陈村小学家长”群，家长微信群也就建成了，现在群内已经有100多人了。群组的建立为学校的教师队伍管理，家校联系提供了许多的方便。

通过近三年的互联网教育实践，家长和老师的网络素养提高了很多，具备了基本的网络技能，于是学校在校长的带领下，开始进一步推进信息技术在管理方面的应用。目前已经实现的管理功能有：教师考勤（包括签到、请假等）、调课、成绩统计分析、招生等。2018 年的暑期完成了学生、教师的过程性评价系统、家校互动系统、物资管理系统、特色课选排课系统等设计部署工作，并将系统中的过程性评价与学校校园文化布置结合。

从利用互联网进行简单的教师连接、家校连接，到把互联网技术应用到学校的各项管理中，南陈村小学变得“不太像一个乡村小学”，许多所谓城市学校的管理方法被用到这所乡村小学的日常管理中。然而，互联网本身的神奇之处，不也正是打破既有的边界吗？

乡村学校的“社群化学习”

许多乡村小规模学校由于学生人数少而无法配齐所有科目的老师，这是一个很普遍的现象，南陈村小学也面临这种问题。比如，三、四年级没有专门美术老师，美术课是由数学老师兼任。由于没有经过专业训练，所以老师上得不自信，学生学习的效果也不好。一个叫作 CCTalk 的社群学习平台再次给乡村学校帮了大忙。

尹校长最初了解这个平台是 2015 年 4 月，由于互联网产品市场鱼龙混杂，尹校长最初没敢贸然引入学校教学，直到 12 月在四川广元参加“第一届中国农村小规模学校联盟年会”，并和沪江首席教育官吴虹老师深入交流，了解到沪江推出的“互加计划”专门为 K12 教育提供公益课程，于是回来之后开始试用并培训教师。很快，“互加计划”有了夏加儿美术教育课，这样，南陈村的孩子在教室里，通过互联网，在直播平台上听上海的专业老师讲美术课，还可以和老师互动交流，原来的美术老师成为课堂的助教。

类似的，南陈村小学的学生通过直播平台上鲨鱼公园的科学课、酷思熊儿童哲学课以及二十四节气课等课程。刚开始参与网络课的时候同学们都不敢发言，即使发言也很紧张，现在一有活动都能积极举手发言，并且还能注意到使用礼貌用语，语言表达能力也有了很大提高。比如原来上麦后只是直接回答问题，回答完就下了，现在都知道上麦打个招呼，说“再见”再下麦。可以说，互联网给南陈村小学的孩子们打开了一扇门，能够利用多种优质的教育资源，通过互联网这种方式来学习，这无疑让他们更自信，更有主人翁的感觉。

除了“链接”外部的优质教育资源，南陈村小学还应用直播平台为教学及管理带来便利。比如，尹校长刚刚将直播平台引入学校，在培训教师的阶段，刚巧赶上铁路派出所的干警来学校给学生讲铁路安全课，学校没有容纳所有人的大礼堂，按照以前的做法，这种活动是要将学生聚集到操场上进行的。时值冬天，让学生们在操场上站上一个小时来听课绝对是“反教育”的。直播平台这时候派上了用场，每个班级连上平台，主讲人在一间教室里讲，全校学生都能听见，当天教学的效果特别好。

紧接着，学校的年终总结大会也用了这种方式，并且，一改校长一言堂的模式，让学生和家长来分享和展示，校长主要是组织和聆听，让学生回归主体地位，这一去中心化的形式，也是互联网教育的结果。10 月以来各班开始在直播平台上开班级家长会，开会时间选择在晚上家长在家时间，家长参与的积极性非常高。网络家长会方便了家长，也给老师带来方便，因为家长会的内容可以录制下来，没有听明白的家长可以通过“回顾”功能重听，不用老师反复解释。其中一年级的家长会，46 名学生中只有一位家长没有参加，但是他自己看回顾了解了会议内容。

互联网时代，有许多辅助学习的工具和软件。南陈村小学在参与少年派助学项目后，通过在平板电脑上的实践学习，激发了更多的教学与网络科技结合的尝试。于是开始有目的地探索一些能够在平板电脑和手机上使用的辅助学习软件，挑选一些在学校中试用。比如“少儿趣配音”，这是一个英语口语学习软件，学生们通过配音游戏练习口语。这种学习是以往的英语教学中没有的，学生们兴致很高，英语成绩也有了很大的提高。期末考试的时候，不但有常规的考试，还增加了口语考试，在平板电脑上进行，考试内容就是配音，考试和学习前后呼应。数学学习软件“狸米学习”已经普及并得到了家长的支持，已经是学校数学教学的有机组成。

随着学校的教学与管理对互联网使用率的增加，老师们的变化也非常大。比如二年级数学老师兼班主任的赵海英，在 2015 年寒假前对互联网还一点也不感兴趣，没有 QQ 也没有微信。但是，她本人是特别爱学习的人，之前她不使用网络是认为网络和教学没有关系，现在，不但熟练使用各种社交软件、电子白板和学习平台，还第一个把数学学习软件“狸米学习”用到了教学中。每天上课第一件事就是用 Pad 投屏到大屏幕上点评前一天同学使用“狸米学习”的学习情况，并在课堂上针

◎ 以网络连通外面的世界，用平板电脑学习，开展创意手工课

对共性问题进行讲解。每天会在群里发布“狸米学习”中的截图，对学生学习情况进行点评。

再比如教英语的母艳丽老师，她是南陈村小学把 Pad 用在普通课堂上的第一人，是她最早在 Pad 上使用“纳米盒”范读，在有白板的教室把 Pad 图像投到大屏幕上，在没有多媒体的班级就用 Pad 播放声音。现在她还会打开“少儿趣配音”点评学生配音情况。还有 2015 年入职的徐梦茹老师，经常用 Pad 或者手机投屏上语文课、播放范读的音频等。因为操作方便、效率高，其他老师也都在根据自己的情况尝试 Pad 与自己的课堂结合。目前学校正在培训老师在 Pad 上使用“超级讲师”软件录制微课，相信未来学校会有更多的方式使用互联网技术和产品，目的是让教育教学更丰富、更有内涵。

（五）乡村孩子“用脚投票”，区域学校协同发展

2015年尹校长刚来南陈村小学的时候，学校有100名学生，不到两年，学校学生人数增多，有的是从市区学校转回村里，有的是从其他村转到南陈村。2016年秋季学期，南陈村小学新的一年级在控制片外生的情况下招了46名学生，加上45名幼儿园学生，学校已经有198名学生。到2018年一年级将有110名新生入学，届时学校将有学生共计247名。附近学生的家长看到学校的变化，开始“用脚投票”了。学校的变化也引起了领导的重视，教育局和南陈村的开发商共同投资硬化操场，建足球场，给校园做绿化等。

尹校长来到南陈村小学后，溪老师好像终于遇到了知己，她原来有许多困惑，找不到答案，有许多想法，碍于各种阻力无法实施，现在，已经豁然开朗。南陈村小学有说得过去的基础设施、团结上进的教师队伍、朝气蓬勃的学生，她现在也更加自信，相信解决问题的办法远多于遇到的困难。曾经有人问她，如果她的孩子还小，是愿意送到城区的学校，还是南陈村小学。她说，如果是原来，一定是送到城区的学校，现在，她会毫不犹豫地选择送到南陈村小学。一所学校办得好的标志不就是教师愿意把自己的孩子送进来吗？

南陈村小学的“活跃”也被周围兄弟学校看在眼里，比如同是桥东区的张村小学、白塔小学。看到南陈村申请到好的公益项目，也希望能够申请；看到有好的外出培训机会，也派出老师外出学习。几所学校的校长平时经常交流，这些联合和互

相促进也被当地教育局发现和重视。2016 年 10 月，在邢台市教育局的支持下，举办了“邢台市农村小规模学校互联网教育现场会”，会上发出成立“邢台市农村小规模学校联盟”的倡议。2017 年 4 月，在邢台市教育局、桥东区教育局、北京感恩公益基金会、21 世纪教育研究院联合支持下，“邢台市农村小规模学校联盟”成立大会召开，邢台市各区县农村小规模学校代表共 250 余人参加了会议。

联盟成立大会提出发动本地优秀教师开设本地化的网络公益课程。2017 年底，课程在桥东区 4 所学校的音乐、美术老师参与下，进行了一个月 42 节课的试运行，效果非常好。目前该活动还仅限于在桥东区的学校中进行，2018 年将会发动更多的学校和老师参与进来，还计划开设趣味数学、阅读、英语等课程，运行正常后将向全联盟开放，下一步还将吸纳其他县的优秀教师参与到这项活动中来。

联盟成立大会上发布了一批公益项目，到 2017 年底，通过联盟平台有一批公益项目在邢台农村小规模学校落地。有十几所学校申请到了中国海外教育基金会的图书（大约有 4000 册）；有 5 所学校参与了少年派助学计划项目，申请到了 10 台 Pad、1 名驻校教师，有 4 所学校申请到了一对一的线上课程；有 3 所学校通过“益微青年”对接了大学生团队，开展了夏令营活动；有 2 所学校申请了中国娃电脑项目等。

2018 年，联盟的运行逐渐正常化，进一步推动美术、音乐学科本地化的网络公益课程，以解决农村小规模学校艺术师资短缺问题，在推动网络艺术公益课程的同时，发现并筛选优秀老师开设语文、数学、英语等学科的活动性、综合性的网络公益课程；着手利用更多优质的公益资源，改善农村小规模学校硬件、培训、课程等方面的问题；还将在南陈村小学牵头和学习共同体研究院的帮助下，探索农村小规模学校的素质教育之路；此外，利用各种机会，支持优秀农村老师参加培训，组织区域内进行形式多样的交流活动。

华北平原依旧广袤无垠，南陈村小学只是众多乡村学校中的一所，校园里的孩子多了一倍，对于这一大片土地来说，并不起眼，然而，对于这个村子的人们来讲，一所小学复苏了，活跃了。不仅如此，在这所小学的周围，越来越多的学校开始更加积极地探索好的乡村教育，或许现在还是星星之火，但已经让人看到了燎原的可能。

未来，将有更多的人，会更加眷恋这片土地，心系这个故乡，心系故乡的村庄，成为有根的人。

王丽伟　21 世纪教育研究院

三

60 年坚持为“三农”服务

山西风陵渡中学

乡村教育如何为乡村的发展建设服务，是乡村学校办学者始终要自我拷问的一道难题。近年来，随着城镇化进程的加快，乡村学校究竟为城市培养建设者，还是为建设社会主义新农村培养人才的问题也更为突出。山西风陵渡中学作为一所乡村职业中学，立足于为乡村培养人才，建校 60 年，经历了新中国发展的各个阶段，始终在探索和实施为乡村培养人才的教育。

◎风陵渡中学

（一）艰难初创：从劳动与教学并重，到教育带动农业生产

风陵渡中学创建于 1958 年。当时条件比较艰苦，办学经费严重不足，除由县文教局调配教师外，各种办学物资极度匮乏。而且校舍尚未建成，为了保障学生按时开学，就临时借用匼河高小的部分教室上课，师生借住在村民家里。1959 年上半年，全校师生一边学习，一边劳动，从几里外的老火车站刨旧砖、背沙石建校舍，在与公社抽调的建校社员共同努力下，建了两排共 30 间校舍，总算解决了师生的学习、工作和住宿问题。

1960 年，时值灾荒，新生退学过半，学校只好将招来的 4 个教学班合并为 2 个教学班上课。校长吉惠卿和全体教职工带领全体学生，将校内房屋前后、边角空地都开垦出来，共 25 亩，作为校办农场，并带领师生上山下滩、垦荒造田，种了许多粮食、瓜菜等。这一年，全校师生一边上课，一边劳动，到秋天，收获了 5 万斤南瓜，不但补充了师生的伙食，剩余的收成还资助当地的村民。

此后，教学和劳动并行成为风陵渡的一个传统，这个传统让风陵渡在“文化大革命”的动荡中不但保持了正常的教育教学，还开办了校办农场，并开始进行一系列的育种试验。1970 年，劳技课教师卫广发开始在校办农场搞小麦育种试验。要试验就得有试验用的品种、品系和组合。于是卫广发与学校党支部书记刘德山一起到武汉、西安、临汾、太原等地，找了十几个农科院和研究单位，购买了几百种试验品种、品系和组合。回校后与生物教师曹自恩带领育种小组同学一起钻研、试验，

当时就建立了原始材料圃，根据品种特征，分为抗病组、早熟组、低杆组、大穗组等 10 个类型，供育种时使用。在试验中，他们始终坚持勤观察、勤记录、勤总结。不管是成功的经验还是失败的教训他们都认真记录下来，以便从正反两方面总结出真正适用的经验。

为了进一步提高师生的认识和试验品位，确保农科试验的实施，根据当地农业生产实际需要，他们编写了《作物栽培》《有性杂交》等农业基础知识教材。学校还保证了每周两节农业基础知识课，安排了学生参加劳动的时间，组织了农科研究小组，传授给学生各种育种方法。

几年中，学校先后引进 1904 个农作物新品种，进行了 57 项科研试验，培育出 17 个小麦新品种、8 个棉花新品种。其中“风选一号”“风选二号”小麦品种获全国青少年科技成果二等奖，获得国家科协银质奖。同时，风陵渡中学承担起了国家、省、地区及中国科学院等有关部门的科研任务，为全国各地提供了优种 11 万公斤。又利用校外 25 块试验田，为当地农村繁育优种 60 万公斤，提高了粮食产量，有力地推动了当地农业生产的发展。

（二）确立定位：为乡村经济建设培养人才的学校

风陵渡中学经历了初创的艰难和探索，逐渐形成了自己的风格。到了 20 世纪 80 年代，逐渐确定了为乡村经济建设培养人才的定位，并在此定位之下，大胆地调整了课程教学内容，改革教学方法，整合校内外资源，促进学校的转型和发展。

一是改革课程设置。在开足、开全国家课程的同时，根据当地农村经济发展需要，学校还开设了小麦、棉花栽培和家畜、家禽养殖等5门校本必修课。后来随着当地产业结构调整，增加了苹果、红枣、花椒、花卉栽培和农用机电等20余门富有地域特色的校本选修课、活动课，并把这些课程列入课表，做到课时、教师、教学内容、考核管理“四到位”，使学生根据自己的爱好选学一些内容，这样学以致用、学用结合，培养出来的学生，回到村里就可以充分发挥自己的特长。

二是把农村当作学校的大课堂。学校把课堂搬到广袤的农村，搬到农民大田里上。比如学习“有性杂交”这一内容，生物教师选在小麦扬花季节，只在课堂上简单地介绍有性杂交的知识，就带领学生到小麦试验田做实验，让学生在实验中联系实际，在联系实际中掌握相关理论。

三是聘请“土专家”，逐步组建起一支校内外专、兼职教师队伍。开始让教师参加当地经济建设，使教学、科研、生产紧密结合起来。学校从生物、化学、物理、数学、地理教师中挑选了一批辅导员，让他们在实践一线中锻炼成长，为校本课程的开发和实施奠定了人力基础。比如全国特色教育先进工作者安宏斌，全国优秀青少年科技辅导员刘忠勤，省市优秀青少年科技辅导员王凤洲、姚晓凯、杨华锋等，他们都是在实践一线锻炼中逐渐成长起来的。与此同时，学校还请在农村有所作为的往届毕业生担任学校校外辅导教师。比如1993年毕业的杜成林，毕业后就在风陵渡镇办起了无线电修理门市部。1997年他因为无线电技术高超，参加运城地区无线电维修比赛，获得一等奖后，被学校聘为兼职教师，经常回母校给同学们讲无线电课。赵飞鹏毕业回村后创办了芮城县第一个农业合作社——千户果红枣合作社，自学红枣管理，成为闻名十里八乡的红枣管理专家，学校一并请他给学生开设了红枣管理课。此外，学校还请了毕业生养猪能手郭海霞给学生开设家畜养殖课。

据近 10 年的统计，风陵渡中学共有校外兼职教师 192 人，他们都在不同岗位上发挥着自己的作用。根据农村经济发展的需要，近几年又新开设了家政、果树管理、烹调、家电维修、农副产品加工、苹果储藏、裁剪缝纫、木瓦工等 11 门选修课，每周一节，学生自愿参加，用教师兼职和从校外聘请能人的办法解决师资问题。通过选修课的开设，学生掌握了扎实的知识，掌握了娴熟的技能。

（三）适机调整：实行普教、职教、成教“三教融合”

作为一所定位于服务农村经济发展建设的高中，必须随着农村发展的需求不断进行调整和改革。随着科技的发展，农业生产方式、农村生活方式都在发生变化，农民对教育的需求也变得越来越迫切，越来越务实。风陵渡中学从当地实际出发，开始实行普教、职教、成教“三教融合”。

一是坚持在基础教育中渗透农科技术教育。风陵渡中学结合当地农村实际，在上好各门必修课的同时，编写了校本课程，作为各门必修课的补充内容。比如：数学课增添了数理统计，用来比较土壤肥力等；化学课增添了农药、化肥的使用方法和土壤分析的课程内容；生物课增添了小麦遗传育种、玉米优良品种的培育、果树嫁接等有关内容；语文课增添了实用写作课程；物理课增添了电工、农用水泵的使用及故障的排除等内容；地理课介绍了当地区域气候的特点等相关知识，达到了利用课堂教学对学生进行农科技术教育的目的。

二是设立了职教部，以适应社会对各类人才的需求。职教部开设了农业、计算机、文秘、机电修理等专业，使毕业生除了获得学校颁发的高中毕业证外，还可获得初级技术合格证及职高毕业证。他们探索的“三教融合”的农村中学办学模式，是从高三年级起将学生分为升学、职业、特长不同类型的侧重班。侧重班仍然以必修课为主要学习内容，保证文化课的学习时间和质量，保证达到毕业会考要求，侧重内容只是在活动课上体现。毕业会考后，学生可根据自己的兴趣、志愿和条件进行选择。升学侧重班开设有高考课程拓宽加深的选修课，同时为职教生参加对口升学考试创造了条件，为学生提供了又一条升学深造的道路。

三是开展成人教育，利用学校校舍、设备为农民举办农业技术短训班。在农业产业结构调整中，当地大力发展苹果、花椒、红枣、芦笋、大棚蔬菜等产业，学校便开办相关的培训班，不仅及时为农民传递了科学技术和信息，为当地培养了大批技术人才，而且有力地促进了农村经济的发展，增加了农民的收入。这一时期的风陵渡中学，培养了一批领域“标兵”，如《人民日报》报道过的科技书记张生民、种瓜权威张富勋、种田状元董振义、土壤专家杨忍弟、养兔顾问李学宽。

1990年以来，在毕业返乡的学生中，有628人担任了农业技术员，356人担任了乡村科技干部，216人成为各级青年星火带头人和当地致富能手。在当地农村产业结构调整，大力发展红枣、花椒、芦笋、大棚蔬菜、养殖等产业中，风陵渡的毕业生发挥了骨干带头作用。如返乡毕业生赵飞鹏，被群众赞誉为“枣树神医”，他毕业后进一步学习枣树科学管理及病虫害防治技术，先后多次在《山西农民报》发表枣树管理及病虫害防治论文，并以自家枣园为试验，示范和带动阳城镇及周边的枣树管理由粗放型走上了精细化、集约化发展的道路，使红枣成为全镇的主导产业。

返乡毕业生潘申昌，在自家责任田上种大棚菜致富后，带领乡亲种植大棚菜。担任党支部书记后，在他的带领下，全村400户中有100多户发展了大棚菜，让村民获得了实惠，群众称他是“技术好、悟性高的好干部”。返乡毕业生姚海霞，投资10余万元建起了肉猪养殖场和仔猪繁殖基地，效益很好，带动了全乡养殖业的发展，养猪、养羊、养鹿、养兔、养鸡等成为当地的支柱产业。

在推进当地的城镇化建设中，也有风陵渡毕业生的身影。如返乡毕业生王作弟创办的风陵渡开发区开元药化有限公司，固定资产1000余万元，年利税100余万元，王作弟牵头创办的山西海泰电子材料股份有限公司，填补了国内生产彩色液晶显示材料的空白，年产值1.5亿元，利税2800余万元。返乡毕业生赵向勤，利用在校学到的作物栽培技术，搞花卉养植，办起风陵渡首家花木公司——风陵渡黄河花木有限公司，现有员工130余名，高级园艺师5名，园林工程设计师2名，苗木基地500余亩，固定资产200余万元，年产值达320万元。

（四）建立“校、村、户”三联网，使学校成为农业科技的推广中心

为把学校取得的农业科学技术成果及时推广到农村、农民手中，风陵渡中学建立了“校、村、户”三联网。所谓“校、村、户”三联网，就是通过历届回乡毕业生定期返校，学校建立所有返乡毕业生档案，让担任村干部的毕业生与学校定期联系，这种联系网络共涵盖47个行政村。而且学校还与广大回村毕业生建立起校与户的联系，这种校户联系目前有4100多个。同时他们还通过村与村、户与户的联网，向广大农村辐射，扩大农业科学技术的推广范围。

具体做法：一是编写《农科快报》，让“兴趣小组”的学生及时将其发放到网点上。有一年当地农民盲目引种超大穗小麦种子，而这种小麦品种在学校小农场进行过试种，所得结论是抗冻性差，亩产只有50公斤左右。学校发现这一情况，便及时通过《农科快报》在各网点上宣传，使原来准备播种的农民停止了种植，避免了一场不应有的损失。

二是组织科普队下乡到网点上宣传。2001年根据县委、县政府提出的2.67万公顷苹果经济战略和40万头生猪工程，农民急需果树管理及养猪知识，学校便组织了由专家、农技教师

和兴趣小组的优秀学生组成的遐想科普宣传队，通过放录像、授课、实地指导等手段，传授了最新农科技术，深受网点群众的欢迎。

三是请网点骨干“回娘家”提问题。如：网点骨干提出如何有效根治果树烂根及治蚜喷洒农药效果不理想等问题，他们便在学校“小果园”里集中介绍如何浇大粪于腐烂果树根上，治愈根腐烂病；如何以瓢虫治蚜虫，防止污染。焦芦村果农推广了这些技术后，使 6.67 公顷濒临死亡的果树获得了新生，获得了丰收。

四是在风陵渡集镇上设立农科咨询点，向前来赶集的三省四县农民介绍新品种、新技术。来咨询的农民超出万人，使学校真正成为当地农业科学技术的推广中心。2005 年 5 月 10 日，《中国教育报》以“小小先遣队，发挥大作用”为题，对风陵渡中学为“三农”服务活动第三次作了肯定性报道。

（五）新世纪的使命：培养“爱农村、爱农民、爱农科”的学生

高校扩招让越来越多的农村孩子都有了上大学的机会，如何让飞出乡村的“金凤凰”从城市中返回家乡反哺乡村？风陵渡中学着力打造了“服务‘三农’综合实践活动”这一品牌课程，并于 2014 年荣获首届国家基础教育教学成果一等奖。这一课程让学生在心灵深处埋下了爱农村、爱农民、爱农科的“三爱”种子，从风陵渡中学飞出去的“金凤凰”反哺农村成了常态。

“服务‘三农’综合实践活动”体系是在项目管理模式规范下由模块学习模式和主题活动模式相互交叉、融合渗透、相辅相成的立体化课程体系，这一体系包含了人文类、活动类、特长类、劳技类百余门课程，贯穿整个教育过程，具有普职融合的特长、服务“三农”特色和教学生产科研相结合的功能。

模块学习模式包括“三爱”教育、劳动技术课、学科渗透与拓展、课题研究实训、案例研究等。主题活动模式包括科技创新竞赛、“三农”问题调查、农耕文明传承、农科送教下乡、校办农场农科实验、校村联动成果推介等。教育教学内容覆盖了价值观教育、农科知识传授、农科创新实践、校村成果共享等方面。在教育教学形式上覆盖了入学集中教育、调查认知、课堂学习、实践体验、创新成果展示、志愿者服务等方面，高一年级以掌握通识，确立主题，宣传知识、政策为主；高二年级以掌握一定研究技能，提供一定服务引导为主；高三年级以

◎风陵渡中学科技创新作品赛

培养职业精神、职业核心能力，服务引领农业科技推广、农村劳动力转移、农村全民素质提升为主。富有时代性、选择性和个性的综合实践活动，推动了学校整体改革和发展。

管理方面，学校将开展服务“三农”综合实践作为学校办学特色，融入学校核心文化，加大实践基地建设力度，站在引领当地经济社会发展的高度组织课题，与开展“三爱”教育，培养学生正确的价值观，创立完善服务综合实践活动过程管理、学分制评价、考核奖励等制度，服务“三农”综合实践与学生升级、毕业、评模挂钩，与教师评优、晋级挂钩。

模式方面，采取模块学习模式和主题活动模式在项目管理模式规范下紧密结合、有机融合，模块学习模式包括“三爱”教育、劳动技术课、学科渗透与拓展、课题研究实训、案例研究等，主题活动模式包括科技创新竞赛、“三农”问题调查、农耕文明传承、农科送教下乡、校办农场农科实验、校村联动成果推介等。

体系方面，构建了立体化服务“三农”综合实践体系，综合实践活动贯穿所有高中生的整个教育过程，覆盖了集中灌输、调查认知、学习提高、实践体验、创新展示、志愿服务等多种形式，还覆盖价值观教育、农科知识、农科创新实践、校村互动推介成果等多方面内容，使学生在校学习期间可根据其知识构建的不同阶段与重点，灵活主动地参加与之相匹配的活动。这一体系具有普职融合的特点，教学、生产科研相结合的优势和实现培养模式多样化的功效。

芮城县2006年起开始招录大学生村官，共考录200余人，在岗村干部最多时170余人，毕业于风陵渡中学的有110人。现在职80余人，毕业于风陵渡中学的有60人，其中考取公务员及事业单位工作人员10余人，考为副科级领导干部2人。

毕业于风陵渡中学的大学生村官柯栎桦，为村民修路、引水，帮助村民发展养猪、种菜，带领村民致富，被评为山西省优秀大学生村官。何菊荣等7人被评为全县十佳大学生村官，40人聘期考核为优秀，25人被推选为村两委负责人。

现任校长曹涑波自豪地说，风陵渡中学培养的学生不仅能“走得出去”到城市里学习深造，而且能心系家乡，“走得回来”，将外面先进的知识、技术、智慧带回来，激活并带动了

◎学生们在上实践课

当地农村社会经济和文化的发展。

比如风陵渡开发区艺术中心康鑫舞蹈的创始人——高鑫。2004 年，高鑫从风陵渡中学毕业，考上了长治学院音乐系舞蹈教育专业。大学毕业后放弃了在大城市发展的机会回乡创业。起初在希望小学担任音乐老师，同时在风陵渡中学义务为舞蹈生代课，辅导大妈大婶跳广场舞。尽管有稳定收入，生活充实快乐，但是她心中一直有一个梦想——创办属于自己的舞蹈培训班，让更多农村娃娃的舞蹈天赋得到发掘培养。随着人脉的积累和个人能力的提高，她终于下定决心开办自己的舞蹈培训班。

由于乡镇比较落后，家长们对舞蹈存在偏见，培训班开班之初根本招不到学生。高鑫就在学校宣传，而家长们根本不清楚舞蹈是学什么，她只好一遍又一遍地解释。甚至曾经有一年只招了一个学生，但她没有放弃。她说：“农村的孩子应该和城市里的孩子一样拥有更丰富多彩的童年，拥有快乐的童年生活，希望通过舞蹈为留守儿童做些什么。”经过多年的努力，现在培训机构已经发展到有 300 个孩子。她还不断联系其他合伙人增加不同的艺术培训班，创办了风陵渡艺术中心。目前有播音主持、萌宝手工、美术、足球、篮球、吉他等十几个培训班，俨然发展成了一所有影响力的艺术学校！像高鑫这样的人还有不少，他们放弃在大城市发展的机会，回乡为当地文化事业的发展作出了巨大的贡献。

风陵渡中学毕业生刘志超，是做农产品电子商务的带头人。风陵渡偏安晋南一隅，信息比较闭塞，人们内心相对也比较保守。而风陵渡的农产品却很丰富，除小麦、玉米外，还盛产芝麻、棉花、芦笋、花椒、蔬菜、果品、豆类和各种名贵药材等经济作物，土特产品更是数不胜数。当时作为风陵渡中学毕业生的刘志超，心里一直怀揣着自己的创业梦，大学毕业后在外打拼了两年，接触了很多新鲜事物，当了解到家乡的情况之后，在电子商务浪潮来袭之际，毅然决然返回家乡，决心发展农村电子商务。当古老的农耕文明邂逅农产品电子商务，一下子就激发出了农产品的销售活力！在刘志超的帮助下，很多由于农村信息闭塞、销路不畅，只能积压在家或低价出售的农产品开始在网上畅销。

同时，刘志超还毫不保留地把自己的电商运营经验分享给当地的农民。经过几年的努力，刘志超的“花草香农业”电商公司渐入正轨，还被作为山西农村淘宝的试点，被阿里巴巴纳入“千县万村”的发展战略。“花草香农业”以网上直销为主，

◎学生在农户家的调研活动

有少部分产品经网络分销商卖出，提高了当地农民的收入。

风陵渡中学被教育部誉为“全国农村教育改革一面旗帜”。60 年来，风陵渡中学不仅为高等院校输送了 3000 多名合格新生，而且为当地培养了近 9000 名有一定科研素养并且懂技术、会经营的高素质劳动者，较好地完成了农村中学的双重任务。近 5 年，他们为高校输送的 1200 余名合格新生中，现有至少 10 人获得博士学位，31 人获得硕士学位，其中有 11 人出国留学。在回乡的学生中，有 246 人成为乡村干部，126 人成为大学生村官，418 人成为乡村致富领军者，他们正引领着农民行走于社会主义新农村建设的康庄大道上。

安宏斌　尚国倩　风陵渡中学

四

传承文明根脉的乡村儿童启蒙教育

华夏“三亲”教育

（一）缘起：两位50年代人的乡村启蒙教育改革梦

在山西长治县的最南端，坐落着一个小村庄，这里气候温和，四季分明，湛蓝的天空下，小山连绵起伏，到了傍晚时分，深蓝翠绿渐渐地变化，夕阳在云朵间出没游走，像是一幅水墨画，偏又染上了一层明媚的金色。沿着山路走上去，是一片片的玉米地，间或看得到忙碌的农人和荷锄而归的大娘，互相打打招呼，唠唠家常，再送上一些刚刚从田地里拿回的豆角、红薯、土豆。也有小孩子在山路上跑来跑去，童音清脆，叽叽喳喳的，像是看到妈妈衔着虫子归来的雏鸟。漫山遍野、沟沟坎坎之间还种满了各种干鲜果树，秋天硕果飘香的时候，果红叶绿，看上去煞是喜人，又像一块块挂在大山上的织锦。

这就是山西长治县南宋乡的关头村，是“华夏乡村儿童启蒙教育项目”发起人之一张孝德教授的故乡，也是该项目的试点之一，我们的故事就从这里开始。

张孝德教授说，故乡留给他最强烈的是味道，味道里最强烈的是玉米的清香。关头是玉米高产区，漫山遍野种的全是玉米，玉米中间套种豆角。到玉米将要长成、豆角开始采摘的时候，家家户户的午饭都和豆角有关，豆角焖面、豆角焖米……晚饭则和嫩玉米有关，米汤、调和，吃到嘴里，玉米的清香慢慢溢开。每次想到故乡，张教授都说是味蕾犯了乡愁，舌尖上都是老母亲亲手烹饪的饭食的味道。就是在这玉米清香里，有张教授的童年，有夏日骄阳似火中此起彼伏的蝉鸣声，清凉夜晚时急时缓的蛐蛐、蝈蝈……十几种甚至几十种昆虫的叫声，有牛郎星、织女星，有夜空里的银河，有“天河南北西瓜凉水，天河东西准备冬衣”。他就是在这样的天地自然之中成长的，烤芋头是最好的零食，秸秆垛是最好的游乐场，云雾笼罩的南山是梦想开始的地方。

现在的张孝德教授是国家行政学院经济学部副主任、生态文明研究中心主任，已近花甲之年的他虽早已走出了乡村，走到了大城市，成了知名的学者，但他的心中始终住着那个他成长过的小村庄，那个他度过童年的地方。那个时候的村庄是活的，到处都是孩子，到处都有清脆的声音。父母做农活的时候，孩子就在一边玩儿，乡村给了他们最充分的滋养和最自由的天地。然而，在进行生态文明研究的过程中，他却发现乡村文明发展在工业文明的大背景下举步维艰，那些他熟悉的村庄正在悄然发生着改变，于是他将目光转向乡村文明。

他说：“我们这代人有强烈的责任感，总是有股把地球扛在肩上思考问题的劲头。”为了研究中国的乡村，他用脚来做学问，用大量时间深入乡村调研，发现只有生态文明可指引乡村文明的复兴，乡村文明复兴的短板是乡村教育，复兴乡村教育才是乡村文明复兴的关键。

在距离关头村仅仅 5 里地的地方，是八义北窑沟村，村民鲍喜堂是山西省首批示范高中长治县一中的校长。作为一名物理教师，他进行初中物理教学改革，是山西省物理教学新秀，经常在全市各县区巡回示范教学；作为校长，他推进学校体制改革，带领学校重新夺回高考第一的成绩。他是教学能手、标兵教师，是山西省名校长，是国家首批“人民教师”奖章获得者，是北京大学教育家型校长、北京师范大学专家型校长。但他始终觉得：这不是他向往的教育。他所从事的教育事业的确可以给孩子们知识，但给不了幸福，教育是关乎生命的事情，做得不好便是罪过。思索再三，他辞掉了长治县一中校长之职，开始他心中向往的真正的“素质教育”的思考。

鲍校长的外祖父是从事私塾教育的老先生，鲍校长小的时候，曾感受过在私塾上课的场景，大大小小的孩子不分年龄，不分贫富，都在同一个教室上课，上课的内容是被熟知的“三百千”等，上课的状态活泼又严肃，外祖父对学生要求很严格，哪个孩子要是迟到了或是不认真读书，会被非常严厉地

◎张孝德教授在培训中

◎鲍喜堂校长的《学记》导读课

批评；然而他又是真正关心孩子的，若是谁家里经济困难，或是哪个孩子生病了，总看见他忙前忙后，关心问候。鲍校长说："我自己也一直想办私塾，这是很早之前就有的想法，2500年前，至圣先师孔子所兴办的正是私塾教育，历代文豪、诗人也都是从私塾中走出去的。乡村文明，中华文明一直在通过私塾传承，我的使命感就是办能够让中国传统文化续根的幼儿园。"

2014年的春节，相距不到3公里、同生于一个年代的两位长者从未谋面，却在偶然相遇中一见如故。他们在一起讨论乡村文明，讨论乡村的复兴，就慢慢谈起了乡村的教育。孩子是乡村的希望，学校是乡村的灵魂，一代代的智识者从乡村走出去，又回到乡村中，乡村不能没有学校，学校兴，则乡村兴。他们异口同声地说："必须在乡村办学校！"

（二）背景："三去教育"与乡村的凋敝使6000万乡村儿童面临失管、失教的危机

中国自古是农耕社会，乡村发展历史最悠久、成熟度最高，以乡村为载体、以乡村为根系的中国文明传承至今已有五千年之久，乡情、乡思、乡恋沉淀在中华民族的血液和中华文明的基因里。然而，工业化、城镇化的发展却让绵延几千年的中国乡村渐行渐远并大规模地消失，给中华民族带来有史以来最痛楚的乡愁。平均每天有将近250个自然村落消失，孩子们从小所受的教育就是要努力学习，走出大山，走出农村，到城市去，成为"城里人"。没有人喜欢乡村，都在逃避乡村。几

的生活，这些湮没在历史时光中的留守者，是整整一代人。

因为农民工的工作流程单一，工作时间久，所以这些孩子的父母很少能有回家的机会，大多数人年均回家不到3次，有的甚至几年才回家一次，孩子们或者仅仅通过打电话和视频来跟父母联系，或者早就忘记了父母的模样。6000万乡村留守儿童的学习、生活面临着失管、失教和失衡的无奈与困境。

古语云："三岁看大，七岁看老。"儿童时期对世界观、人生观、价值观的形成至关重要。可6000万的孩子，却因为"留守"的标签产生强烈的空落感和孤独感，即使父母给予再多的物质补偿，再漂亮的芭比娃娃，再神奇的变形金刚，也是无力弥补。

就教育和学业来讲，没有父母监管，成绩长期无人过问，学好了，没人夸；学坏了，无人骂。孩子当然也就无所谓，成绩越来越下滑，生活习惯越来越差，有些孩子甚至怨恨父母，认为家里穷，父母没有能耐才外出打工，父母回家的时候也疏远他们，和父母产生情感隔阂。张孝德教授说：这不仅仅是几千万留守儿童个人的不幸，也是未来几千万家庭的不幸，更是整个中国一代的不幸。

除了留守儿童的问题，乡村教育的现状更是让张教授和鲍校长感到痛心疾首。在充满泥土甜香的农村，曾走出无数优秀的学子；乡村的私塾里，曾到处是琅琅的读书声。然而现在的乡村，甚至都看不到一所学校。从2000年到2010年，中国农村平均每天消失63所小学、30个教学点、3所初中，几乎每过一小时，就要消失4所农村学校。撤并前后，农村学生上学平均距离从 1.6 公里延长至 4 公里，导致相当数量的留守儿童产生厌学、逃学、辍学现象。

除了没有学校，乡村学校师资缺乏，教育资源匮乏，重视程度严重不够，都导致现在中国乡村教育质量极低，农村孩子很难找到出路。这样的现状下，中国乡村怎么可能不凋敝。照着这样的态势发展下去，中国乡村的未来怎么办？中国文化的未来怎么办？为了改变这一切，让乡村重新恢复生机和活力，张教授和鲍校长发起了“华夏乡村儿童启蒙教育项目”。

事实上，和张教授和鲍校长一样，对中国文明现状和乡村教育发展忧心忡忡的还有许多人，“华夏乡村儿童启蒙教育项目”的想法提出之后，很快就得到了包括公共经济研究会中国乡村文明研究中心、凤凰耕读书院在内的一批机构和人士的支持与响应，长期资助农村、农业、农民发展的施永青基金（香港）北京代表处提供了资金助力，使项目顺利落地，开始了实践和探索。

（三）探索：志愿者与合作社成为乡村教育的践行者

教育从来就不是一个人、一个老师的事情，《学记》中说“君子欲化民成俗必由学”，教育是一个国家和全社会的使命和责任。从项目发起之初，张教授和鲍校长就提出要办合作教育，乡村教育是乡村文明复兴的关键，所以更需要乡村的力量汇聚和支持。于是，项目首批选择在山西长治关头村、山西永济蒲韩乡村社区以及河南兰考胡寨村这三个地方建立了试点。在永济和兰考都有全国闻名的合作社，具备良好的社区基础；在关头，项目在村委会和全村父老的关注下成长。项目运行 3 年多以来，十几位女教师在项目和乡村社区的支持下成为乡村教育一线的践行者和探索者。

李冰是一位来自新疆的河南籍姑娘，在大学里，她的专业跟教育无关，也跟农村无关，但因为一直参加支农队，每个暑期他们都要到乡村，去做孩子们的支教老师，这让李冰对农村和孩子产生了深厚的感情。2014 年，项目一开始，她就到了关头村。那个时候的李冰，还是山西农业大学大三的学生，大学还没毕业的她对未来的一切有些迷茫，来到关头村这样一个陌生的地方，她也不知道自己要做多久，也不知道自己能做多久。毕竟从这里坐火车回新疆要 3 天时间，毕竟这里能看到的就只有起伏的南山和南山上看不到头的黄土地。她不确定，土地、庄稼、仅有的几个孩子是不是她想要的未来。

在关头，李冰只有一处非常简陋的居所，而且是在村口，显得有些吵闹和不安全。屋子里只有一张床，一个简陋的书架，几个可以放衣服和其他杂物的塑料桶，连吃饭的桌子都没有，洗澡更是成了奢侈的愿望。但在幼儿园，李冰承担着大量课程的教学，她和关头本村人郭老师一起教孩子们读“三百千”；带孩子们上山感受自然的美丽；与孩子们一起画画，做柿子丸子；教孩子们跳舞，六一的时候，给全村的爷爷奶奶表演节目。

郭东翠老师是项目组年纪最大的老师，也是关头村本地人。项目一开始在关头的进展并不顺利，家长不理解，为什么我的孩子要学习国学，读《三字经》《百家姓》，而不是学拼音和数学，他们上了小学能跟得上课程的进度吗？或者为什么孩子们每天要往山里跑，弄得尘土满身，而不是坐在教室里读书呢？为了推广项目理念，消除家长的顾虑，郭老师挨家挨户家访，自己对项目的认可度也不断提高，并把大学刚毕业的女儿送到兰考试点，成为当时项目组年纪最小的志愿者教师。

为了让孩子们的课程更丰富，李冰只要有空，就在网上找适合孩子的手工、童谣、晨圈、舞蹈，为了给孩子们讲故事，她和幼儿园巧手的妈妈一起，为孩子们做了十二生肖的教具。为了提升自己的教学能力和水平，她参加了华德福和传统文化培训，不断和项目其他试点的老师交流学习，一有新的发现，她就在最短的时间里弄通弄懂。她是孩子们的李老师，是成长的守望者，她拿着相机拍下每个孩子的笑脸，一直是一个努力向前的爬行者。

到现在，李冰在村里已待了 3 年多的时间，这 3 年多以来，因为一直要上课，李冰很少有回家的机会，她虽然还未婚，却

◎ 关头村的李冰和孩子们

像妈妈一样始终牵挂着这里的孩子。每年暑假，关头村都会有夏令营，这本不属于李冰的工作时间，但是她每天都会关心孩子们的课程。她知道大学生志愿者与孩子们爬山到中午的时候才回来，就放弃中午休息的时间，去看看孩子们有没有中暑。她说：至乐莫若读书，至要莫若教子。在关头，她又读书，又教子，的确是人生最圆满的相遇。她希望自己可以在这边结婚生子，并把父母也接过来，在这个可以路不拾遗、夜不闭户的地方一直留下来，在浓厚的乡情、淳朴的乡风中和孩子们共同成长。

项目开始时，永济蒲韩乡村社区只有一个试点幼儿园，苗盼和姜丽是这里的老师，这是两个很漂亮的姑娘，也是两位年轻的妈妈。幼儿园里，有苗盼和姜丽的孩子，还有合作社社员的孩子，一个农家小院，就是他们的学校和课堂。其中的一间布置出来做教室，有孩子们的课桌、课本、画册、手工，还有他们自己纺线织布做的挂图。院子里搭了秋千，是每个孩子都喜欢的娱乐设施；门口的斜坡是天然的滑梯，到冬天下雪的时候，苗盼就像一个大孩子，带着她的小朋友们在这滑梯上做游戏。

在学校里，苗盼和姜丽既是老师，也是妈妈，自己孩子和所有孩子的妈妈。姜丽说：幼儿园让她和女儿一起成长，女儿刚来学堂时，上课时黏着妈妈，下课时黏着妈妈，和其他小朋友发生小摩擦，也会哭着喊着叫妈妈，闹得很厉害。她自己也很沮丧和无奈，没办法的时候就把孩子给苗盼带，可是依然没有什么效果。后来她明白，要在学校和家庭之间做好自己的定位，自己的孩子和幼儿园的其他孩子并没有什么区别，于是对孩子说:“在家里我是妈妈，在学校我是老师。”开始的时候孩子不习惯，总是在路上问:“现在我应该叫你妈妈还是老师?”后来，孩子习惯了，也懂事了。所以在蒲韩，叫姜丽妈妈的一定不是她自己的孩子，可能是哪个受了委屈的小家伙，因为姜丽的孩子总是叫她“姜老师”。

随着项目的推广和深入，越来越多的社员家庭愿意让孩子留在村里读书，蒲韩乡村社区的不少村子都有了自己的幼儿园，永济成立了包括“青青学堂”在内的多家乡村幼儿园，每个幼儿园都是一个农家小院，10个左右的孩子，两三位教师，在这里做老师的一般是村里的年轻妈妈，一些年轻奶奶也作为志愿者加入学堂的教学和活动中。一位老师说:“如果不是有这个幼儿园，我现在一定是在城里打工。我的孩子要么跟着我到城市去，那里对他来说是完全陌生的环境，没有爷爷奶奶，也没有熟悉的小伙伴，更没有乡村美好的大自然，当然听不到蝉鸣蛙叫，也看不到草长莺飞，炊烟袅袅了。要么就是成为留守儿童，过没有父母陪伴的生活。但是，现在有了乡村幼儿园，我有了工作，也可以陪伴我的孩子共同成长。”我们也希望，在项目未来的发展中，我们可以在更大范围上实现“让教育回村，让妈妈回家”。

兰考试点是三个试点中孩子最多的一个，在胡寨哥哥幼儿习乐中心成立之前，胡寨村有留守儿童200余名，其中学龄前儿童占了近三分之一。可是胡寨及周围几个村子都没有幼儿园，幼儿入学得到很远的地方。但是这些幼儿大多由年迈的爷爷奶奶带，爷爷奶奶平时要忙地里的农活，很难再保证这些孩子的教育。为了解决幼儿上学难这一问题，胡寨合作社于2012年8月创办了幼儿习乐中心。同时为了解决上学贵的问题，合作社又从营业收入中抽出利润支持幼儿习乐中心的运作，让社员的幼儿免费就能上学，非社员户的幼儿也仅收取每学期300元的学费。到了2015年下半年，在园学习幼儿达120人，其中合作社社员家幼儿80余人。之后，虽然由于幼儿升入小学等原因，在园人数有所增减，但一直保持在80人以上。

幼儿习乐中心给仪封乡的孩子带来了很多便利，家长们可以从整天关注孩子的辛苦中解放出来，孩子上学的时间爷爷奶奶就可以去地里干农活，在外务工的年轻爸爸妈妈也不用担心孩子的学前教育没有着落。老师专门建了家长微信群，每天都发视频、照片在群里，孩子的父母远在他乡，也可以关注孩子的成长。现在的胡寨哥哥幼儿习乐中心有4名老师，她们都已经做了母亲，和其他人的选择不同，她们没有出去打工，没有到城里去挣钱，而是选择留在那里，留在那个有着大片农田，有着清晨鸟鸣和聒噪知了的地方，当一名幼儿园老师。她们说："其实，我也可以到城市去，在那里我可以挣到更多的钱，但我的孩子还在农村里，我想陪着他们一起成长。"

孙富岭是胡寨哥哥幼儿习乐中心的园长，也是项目组的"劳模"，一直以来，由于家庭等多种原因，幼儿习乐中心的教师一直在流动，但她始终不改初心。孙老师的女儿彤彤一直跟着她在幼儿园学习。小彤彤活泼开朗，懂事知礼，深受项目组各位老师的喜爱，现在已经进入小学一年级学习，没有任何不适应的情况，她学习成绩好，与老师同学的相处也非常融洽。为了提升自己，并能以更好的状态投身于幼儿园的教学工作，孙老师参加了成人自考，并准备考取教师资格证。她说：“我喜欢幼儿园，也喜欢孩子，我想一直做下去，也许我改变不了什么，至少我可以把最好的教育留在村里。”

在这些一线勤于耕耘的践行者之外，项目还有很多的支持者和默默奉献的人，蒲韩社区理事长郑冰、胡寨哥哥合作社理事长王继伟、关头村副主任魏伟不仅关注三个幼儿园的办学状况，也为项目跑前跑后。项目发起人张孝德教授和鲍喜堂校长虽都已年近花甲，但从未缺席过项目的任何一次培训。鲍喜堂校长在山西长治县城开办了若水私塾，并带领私塾的老师完成经典教育的实验，每周坚持开展传统文化课堂，率先开始小学阶段的教学探索工作。他总是说，自己只有 4 岁，这是从他学习经典、探索“三亲”教育开始算起的，他谦虚地把自己当作一个初学者，一步一个脚印地进行着探索和实践。项目总干事张世霞是北京城市学院的教师，她的全家都在关注民间组织的成长，她自己专注于儿童及妇女能力发展的领域，以志愿者身份成为项目总干事，处理项目大大小小各项事务。志愿者方媛是长治学院的本科生，也是项目的开心果，她在完成毕业论文和考研的压力下抽出时间来，为项目服务，和老师交流，现在已经考取了北京联合大学的硕士研究生。志愿者王瑾是中国社会科学院研究生院在读的博士生，作为古代文学专业的学生，在项目的学习可以让她对传统经典有更好的理解，在项目组的培训中，她与大家一起分享《诗经》之美、欣赏诗歌的方法以及中华儿女血脉里的文化基因。山西农业大学的学生志愿者自愿跟进项目组的培训以及夏令营，为项目组做了大量工作，雷霄和吴洁成为专职志愿者，协助项目的日常运营……

一批教授级的志愿者也加入到项目中来，中国社科院大学郑伟教授担任培训师，讲授儿童自然教育和华德福教育；长治学院历史系主任卫崇文为项目老师讲述传统文化；中国农业大学教授谭英从自愿、自费参加培训开始，成为传统文化培训、孝道思想传承和研究工作的主要负责人。在项目组的培训中，先后邀请到10多位各个领域的专家，其中有“春兰养生”团队，每一个季节，项目都邀请团队营养师、配餐师进行儿童食育培训和工作指导，以帮助幼儿在修德开慧的同时健康饮食，强健体魄；温州市特级教师、家庭实验室的发起人陈耀，将“全课程”教学模式带入项目，让分科教学走向融会贯通；盐湖区舜帝复旦示范小学校长马红琴，讲述该校德孝文化的传播与践行……

（四）模式：为中华文明播种扎根的“三亲”教育

有张教授和鲍校长的带领，有一大批教授级志愿者的付出，有大量项目和合作社的支持，“华夏乡村儿童启蒙教育项目”在最初的设想上，不断探索着自己的儿童观和教育观。

我们认为，教师不仅是一个职业，更是从事教育的人；我们不是要孩子去读冷冰冰的书或者冷冰冰地读书，我们希望的是启迪孩子们的心灵和智慧。在我们看来，儿童是最干净的、最智慧，也是最接近圣贤的人，他们天性纯真、善良美好，以最直观、无选择直接模仿的方式认识和感受着成人为其营造的世界，他们的心灵开放，与自然相通，与古圣贤相通。为师者必须保护这美好的童心，我们希望我们的教育，是以亲情为根的孝道教育，以亲自然为道的开慧教育，以亲乡土为本的厚德教育。在学龄前的这段时期，培养儿童孝道、感恩之心，帮助孩子扎下做人之根；培养儿童好奇之心，开发全脑智慧；培养儿童仁爱之心，种下爱家、爱乡、爱国的种子。在符合这样亲情、亲自然、亲乡土理念的基础上，我们选择了中国古代礼乐启蒙教化之精华、陶行知乡村平民教育理念、华德福人智学科学教育思想作为探索乡村儿童教育的三大源头。

经过不断的教学和探索，我们形成了六步培训法：以专题讲座输入知识、启迪智慧，以外部培训借脑开智、兼收并蓄，以参与式讨论互动交流、激活内力，以案例讨论面对问题、总结经验，以观摩分享相互借鉴、活学活用，最后滚动制定方案并持续改进。项目自 2014 年 8 月 18 日启动至今，已在北京、关头、永济、兰考、南阳等地进行了 18 期师资培训和 3 次年终评审会，完成了为期 3 年的项目一期实践。每次的培训都是一次头脑风暴，大家汇报一段时间以来的探索和实践，提出问题和困惑，共同讨论解决方案。张教授说，想法自然而然就流了出来。两年来，我们开发了经典诵读、自然开慧、行为养正、四季农耕、心灵手巧、礼乐艺养等几大类课程，形成了自己的教学常规设置，整合 3 年以来各试点微案例及解决情况的教学案例库和家长案例库，在项目理念指导下各试点实践 3 年总结得出的教学器物库和教案库以及以修心、修德、修为为本的教师自修手册。在探索乡村儿童启蒙教育这个共同的愿景上，我们一直在路上。

在“华夏乡村儿童启蒙教育项目”的幼儿园里，孩子一天的生活从感恩礼开始，早晨一入园，老师就带着孩子们向孔子像行感恩礼，感恩天地国家，感恩祖宗父母，感恩天下老师和古今圣贤。别看孩子们最大的也只有 6 岁，最小的不足 3 岁，但礼行得有模有样，见了老师，会主动问好。行过感恩礼之后，老师或者带着孩子们去做晨圈，或者到大自然中去走一走，清晨的大自然有新鲜的露水，有声声鸟鸣，有盛放的牵牛花，也有孩子天真的笑脸。

“亲情、亲自然、亲乡土”这“三亲”是项目的基本理念，张教授说，这三个“亲”是基于儿童成长的真实体验提出来的。一个孩子从他一出生睁开眼睛，第一个看到的是他的父母，然后是他的爷爷奶奶，等到他可以出门了，先看到的是广袤的天地自然，然后家人会带着他慢慢认识邻里街坊。同时，“三亲”也是符合中国传统，尤其是儒家的思维方式的。孟子说：“老吾老以及人之老，幼吾幼以及人之幼。”一个孩子首先要学会爱自己的父母，然后才可能爱其他人；首先要学会爱自己的家乡，然后才可能爱一个国家。我们不仅要培养有知识的学生，更要培养有感情、温暖的人。

“三亲”理念中排在首位的是“亲情”，父子、母子关系是中华民族几千年文明传承中最基本的人伦关系，父慈子孝、兄友弟恭这些理念被凝结在四书五经等传统经典当中，一代代中国人通过读书、学习，将其变为民族血脉里的精神基因。而这些，正是做人最基本的道德操守和行为规范，也是知识教育恰恰缺乏和亟待补充的。张教授说：全盘否定传统文化是不对的，家庭式的私塾教育正是五千年文明传承的秘密所在，延续中华文明的根脉，传承发展中华优秀传统文化是项目的理念，也是每一个教育者的责任和使命，所以要让孩子们读经。在幼儿教学阶段，项目希望以中华民族传统蒙学经典如《三字经》《百家姓》《千字文》《弟子规》等为核心，开慧启蒙，在幼儿心中埋下孝、仁、义的种子。在鲍校长的带领下，经过项目组全体人员的不断试验和共同探索，我们形成了“小班听读、中班跟读、大班指读”的基本教学方法和“一百字一百遍”基本教学流程。

三四岁的孩子活泼好动，强制性的读书对孩子的天性是一种压抑，但他们的接受却是全息式的，潜移默化之间就是学习和接受。所以他们虽然是在嬉戏，但听到的东西已经进入脑海，时间一长，就会发现，当哥哥姐姐在背诵的时候，或者老师提到上一句，他们可以很自然地接出下一句或背出一长串。中班跟读虽是以读为主，并不强制背诵，但孩子在学习百遍之后，已经完全有能力进行背诵，这个过程对孩子的记忆能力是非常好的培养和训练。大班指读是为了培养孩子认字的能力，根据前人的统计，《三字经》《百家姓》《千字文》这三部蒙学经典，不重复的字共有 2720 个，再加上《弟子规》《笠翁对韵》等其他蒙学著作，孩子学下来，能认识的字是非常可观的。李冰老师说，关头村幼儿园识字能力最好的孩子现在看电视甚至读绘本已经完全没有障碍。他的家长在家里看电视，孩子可以很轻松地将字幕读出来；老师让家长给孩子读绘本，但是他可以很轻松地自己读，家长非常惊讶，于是讲给老师听。其实，孩子在读书时，读一遍，指一遍，见的次数多了，自然也就认识了。这样的学习方法远胜于专门的识字课程，当这些孩子进入小学之后，是完全有能力自己读书的，而阅读能力和记忆能力正是决定孩子学习好坏和接受程度的基本能力。另外，通过这些启蒙教材和包括《诗经》《论语》《大学》等经典的学习，孩子们不仅可以识字，还可以了解许多自然、历史、文化的内容。可能现在，孩子们不能完全理解这些内容，但至少给他们种下了一点点种子，让他们将来有恍然大悟、豁然开朗的机会。

为了鼓励孩子学习和背诵经典的积极性，项目的所有幼儿园都实行了“小先生”制，在老师领读一定次数之后，学得快、记得快的孩子就有资格担任临时的小老师，带领其他小朋友继续学习。这一做法培养了孩子的自信心和领导能力，让孩子在同龄人面前甚至是老师面前毫不怯场，敢于表现自己、证明自

◎ 经典诵读课

己；也培养了孩子的上进心，鼓励孩子在读书时能够积极努力。通过长时间的观察，我们发现，学习和诵读经典很好地培养了孩子的定力，本来像他们一样年幼的孩子是很难坐得住的，也很难静下心来学习什么东西，但是随着经典诵读课程的深入，孩子们能够坐下来诵读的时间越来越长，最长的时候甚至可以达到一个半小时。张孝德教授说："定能生慧，古人讲'非淡泊无以明志，非宁静无以致远'，现代社会有太多浮躁的心灵，人在浮躁时，心中充满着各种想法的时候是没有办法有所成绩的，孩子只有安静下来了，才能与天地相接，才能获得智慧，这是我们经典诵读教育最终要达到的一个结果。"

"华夏乡村儿童启蒙教育项目"的读经，也绝不仅仅是摇头晃脑地读或者背诵，读经的同时，老师还会根据教学的内容，尤其是《弟子规》，对儿童进行行为养正，在经典诵读课的基础上，老师们开发了行为养正课。课堂上，老师会通过讲解或播放德育教育小视频的方式为孩子解释《弟子规》每一句话的意思，引导正确的解决问题的方式，纠正孩子表现出的不礼貌、不规范行为。平时在生活中，也利用《弟子规》的内容，纠正孩子们的行为，巩固课程所学，培养良好的行为习惯。

比如说，关头村幼儿园的某一次下课，一位小朋友看见地上有一块石头，就捡起来，想让身边的小朋友吃掉。面对孩子有些"恶劣"的行为，李冰老师并没有打骂或者严厉地责备，而是问他："这块石头你想吃吗？"孩子说："不想。""自己不想吃怎么给别人吃呢？"然后追问："《弟子规》里'将加人，先问己'后面是什么？"孩子马上接出了下一句："己不欲，即速已。”“己所不欲，勿施于人”的道理一下子就明白了。在兰考，曾有小朋友误拿了别的同学的自动铅笔芯，又害怕老师责备不敢承认，老师就说：“用人物，须明求，倘不问，即为偷。”在天气冷的时候，孩子们不想起床，上课总是迟到，老师就讲：“朝起早，夜眠迟。”还教了儿歌：“好宝宝，起得早，迎着朝霞做早操，不学懒猫睡大觉，从小珍惜分分秒。”所以，在兰考，虽然孩子很多，但很少有小朋友上课迟到。为了让课堂教学更有趣味性，永济的两位老师姜丽和苗盼还开发了儿童情景剧课程，比如“父母呼，应勿缓。父母命，行勿懒”一句，为此设计了妈妈洗衣服，小朋友就要帮忙拿凳子的情景来进行课堂表演。

通过一次又一次的重复教学和生活中的反复叮咛，日常经典学习中的很多内容都变成了孩子日常行为的基本规范。《弟子规》讲“出必告，反必面”，幼儿园的孩子在出去玩耍或回家时从不忘告诉父母。讲“身有伤，贻亲忧”，关头村幼儿园的一位妈妈讲到，她的小女儿一次不小心弄破了手，伤口很疼，眼泪都在眼眶里打转，但依然怕妈妈心疼担心，一个劲儿地说：“妈妈，我没事儿，妈妈，我不疼。”讲“兄道友，弟道恭”，幼儿园的玩具，即使孩子们都想玩，也是大孩子让小孩子，男孩子让女孩子，互相商量着，排着队一起玩儿。讲“对饮食，勿拣择”，孩子们在幼儿园吃饭，几乎从不挑食，碗里的饭粒儿吃得干干净净，之后还自己刷碗……李冰老师说，一次他们上手工课，应该给每一个孩子发纸，但因为她的一个小失误，落下了一个孩子，恰好这个时候，有电视台的采访，这个孩子就一直等着，直到她那边忙完了，才说少了材料，真正做到了“人不闲，勿事搅。人不安，勿话扰”。在很多情况下，孩子甚至成为成年人的监督人，当父母、老师有了不合适的行为，孩子就会立即指出来。如遇到父母过量饮酒，孩子可能会说：“年方少，勿饮酒。饮酒醉，最为丑。”父母坐姿、站姿不好，孩子也会劝阻：“勿践阈，勿跛倚。勿箕踞，勿摇髀。”孩子不仅自己在幼儿园里学习经典，回到家以后也带着父母一起学习，我们将这称作是“小手拉大手”，这样的做法给家长带来了不小的影响。一位母亲说，她平时工作比较忙，周六周日都觉得很累，总想着在家休息，但学习了国学之后，她更愿意多陪陪老人，于是就一天去婆婆家，一天回娘家，虽然并不为父母做什么，但至少陪他们说说话，老人们也觉得非常开心和满足。

张孝德教授说：“对儿童来讲，尤其是乡村儿童，最重要的老师首先是母亲，第二是大自然，大自然提供了几乎全部的智慧，孔子讲天理，老子讲地理，都是在将大自然的道变成人的德行，自然是最开慧的母亲。现在的生活比过去好了很多，想要什么都可以拿钱买，可是孩子完全不知道东西都是哪里来的，乡村儿童怎么能不亲近自然和土地呢？所以，我们提倡亲自然，根据四季节律的变化安排教学，使儿童充分感知自然、认识自然，从大自然中汲取智慧和能量。”

在项目的幼儿园里，每天孩子都至少有一个小时的自然观察课，为了保障孩子的安全，老师会选择几个较为固定的路线，走上几次之后，孩子们对周围的状况就可以完全熟稔于心。沿途，老师会为孩子们介绍能够看到的植物、动物，并让孩子观察不同植物和动物的特点以及不同的季节，它们的样貌、种类存在着怎样的不同。在不断地提问和思考之后，孩子们就产生了探索的兴趣，并愿意自己去寻找答案，俨然是一个个小科学家。在自然观察时，除了必要的解释、提问和回答孩子们提出的问题，项目采用的教学方法主要是《学记》所讲的“时观而弗语，存其心也”，充分保护孩子的兴趣，并给他们自己发现问题和解决问题的机会，没有标准答案，创造力和想象力也就不会被磨灭。鲍老师说，他的若水私塾虽然办在县城，但他们的自然观察课同样是每天进行的，在周边的公园里，有许多不同种类的藤蔓植物，一个孩子总是围着那些藤蔓植物看，有一天就问：为什么所有的这些植物都是逆时针向上爬的呢？这就是这个孩子在观察中发现的问题，然后他自然就会想办法去寻找这个问题的答案，这就成为科学探索的一个起步。

自然有一个非常重要的特征就是变化，尤其是随时间而发生的变化。春天来了，所有的树都在努力地抽出嫩叶，嫩叶慢慢长大，然后开花结果；到了秋天，果实成熟，树叶慢慢变黄，最后落叶归根，化作春泥更护花，这是一种自然的轮回。为了与自然的变化相和谐，项目幼儿园按照时令的不同布置着自己的室内室外环境，除了老师和孩子精心制作的手工之外，几乎所有的东西都来自大自然。春天百花盛开，我们从山野间采来野花制成花环；夏天有茂密的芦苇，摘一把插在瓶子里就是一个漂亮的花瓶；秋天果实成熟，从地上捡一些掉落的山楂穿起来是一串漂亮的风铃；冬天万物凋零，就把枯叶枯枝做成漂亮的图案，配上老师画的冬姑娘来装饰教室，外面再堆上一个雪人，又有趣又雅致。也是在这个轮回里，中国人建立了自己独特的时间体系，就是二十四节气，所以节气教育是项目自然教育非常重要的一个部分。

伴随着二十四节气，我们的先民创造了丰富多彩的节气文化。首先是民俗，项目幼儿园老师和孩子一起完成或参与民俗活动，感受中国人的勤劳、勇敢、坚韧和对美好幸福生活的追求。我们的许多课程即与此相关。如冬至的九九消寒图是我们的精品课程，《帝京景物略》记载："日冬至，画素梅一枝，为瓣八十有一，日染一瓣，瓣尽而九九出，则春深矣，曰九九消寒图。"到了冬至这一天，每个试点都会制作自己的九九消寒图，或是一幅梅花图，或是九个九画的字，或是九九八十一枚铜钱。

2015年的冬至，在关头村幼儿园，李冰老师还带领孩子们利用在山里找到的一根带有9颗果实的野草枝，创造性地制作了一棵九九消寒树。她让每个孩子构思并剪出九瓣花花型并固定在自己的果实上面，从冬至那一天开始，每日为一片花瓣涂色，一朵花为九天一周期。红色代表晴天，蓝色代表阴天，绿色代表雪花，黄色代表雾，橙色代表风。冬至过后，是一年中最为严寒的时候，阳光步步后退，寒冷步步逼近，人们只想缩手缩脚躲在被窝里，孩子们也不想起床去上幼儿园，而我们的老师却带着孩子们以这样优雅的方式化解严寒，不急不躁，每天慢慢染一片花瓣，与九九八十一次寒流斡旋对抗，等待冰雪消融。等到花瓣染好，外面已春深似海。原来，春天，是可以用一支笔迎来的。

然后是饮食和养生文化。中国传统的健康理念是“不治已病治未病”，通过健康饮食和合理的生活习惯可以让我们避免生病，拥有更高的生活品质，对孩子来讲，打下一个良好的身体底子尤其重要。所以，项目组与“春兰养生”团队合作，为孩子们开设了食育课程，鼓励家长给孩子吃当季、当令、当地的食物，在不同的节气，更是对这一点加以强化。

我国在立春时有吃春菜、春卷、春盘的习俗，这其实是春天新生的芽菜，既符合养生的理念，又有珍惜青春的意思。老师们就会在这个时候告诉家长和孩子做到“春吃芽菜、夏吃叶菜，秋吃果实，冬吃根茎”。日常生活中，更根据子午流注、季节及五脏的特征，指导孩子的日常饮食和行为习惯。所以，项目幼儿园的孩子很少生病，即使偶有感冒等现象的发生，老师也会指导家长来辨别是风寒感冒还是风热感冒，从而采用不同的治疗方法，让孩子尽快康复。

与时令相关的课程还包括传统节日课程。中国人有着独特而浓厚的家族意识和故乡意识，“每逢佳节倍思亲”是我们共同的乡愁，每到元宵、端午、中秋这些传统节日，最容易勾起中华儿女的思乡和思古之幽情。为了延续这一情感需求和深厚的文化内涵，项目老师们精心设计了相应的课程和活动。

在传统节日当中，我们往往通过名人故事传递人文精神。清明节，介子推的忠君爱国感动了我们几千年；端午节，屈原不与小人同流合污的决绝成为中国士子的脊梁。也通过诗歌、情景表演和节日活动为孩子埋下中华文化的火种，我们希望通过这些让孩子们感受到，中国优秀传统文化并不是过去漫长岁月里的尘封回忆，它们就在他们的生活中，一点儿都不遥远。如2016年的端午节，兰考试点不仅带着孩子一起搓五彩绳，折粽子，还学习端午儿歌《五月五，是端午》、古诗《所见》、讲《屈原和五毒的故事》，更有意义的是，老师还带着孩子下地去捡麦穗。老人们说，捡麦穗几乎是他们一代人年轻时候的记忆，麦收之后，大家都抢着到地里去捡麦穗，年轻的姑娘们就用麦子换来的钱去买针线，为自己准备嫁妆。现在人们的生活好了，不用靠捡麦穗来贴补家用，但是河南作为小麦的主产区，老师还是希望孩子们能够了解农事劳作的艰辛和不易，了解食物从哪里来，并在平时的生活里懂得珍惜粮食。虽然天气闷热，孩子们也是第一次有这样的体验，但在田地里，原定的捡麦穗的时间显得少了许多，满头大汗的孩子们丝毫没有停下来的意思。回到幼儿园后，为了把麦穗去壳，孩子想出了很多办法，用手搓、用脚踩、用棍敲、用车碾，分组行动，五花八门。最后，老师和孩子是唱着歌结束端午节的课程的：大大的馒头哪里来？白白的面粉做出来。白白的面粉哪里来？黄黄的麦子磨出来。黄黄的麦子哪里来？农民伯伯种出来。

乡愁是一种复杂的情感，也是我们每个人共同的情怀。故乡是我们的家园，是祖祖辈辈休养生息的地方，我们的祖先就生于斯，长于斯。那老母亲用铁锅烹饪的饭香，那被子里暖暖的棉絮，那从小一起长大的玩伴是属于故乡的回忆。

中国地大物博，有960万平方公里的土地，但百里不同俗，十里不同音，每一方水土都有不一样的乡土风味。

所以，教育者需要把空间打开，让孩子们从小感受乡音、乡味、乡风、乡俗，唤醒孩子对故乡的热爱，并将故乡的一切在心里扎根。

亲乡土就是要懂得感恩，感恩赋予我们生命的母亲，感恩哺育我们成长的土地。作为教育者，老师总是会谈爱国，但对国家的深情却是实实在在来自对所生所长土地的热爱，只有眼中常含泪水，爱家乡这心灵最早成长和栖息的地方，才能对国家爱得深沉。

张教授说，农村的孩子怎么能不亲近土地呢？我们当然不是要每个孩子都成为庄稼人，但至少不能“四体不勤、五谷不分”。所以，项目里的所有幼儿园都开辟了农耕园，孩子们亲手种植、采摘黄瓜、西红柿等蔬菜甚至玉米、花生、黄豆等谷物，家长们也纷纷过来帮忙。因为食物是由孩子亲手种植的，在感受过劳作的辛苦之后，孩子们变得分外珍惜粮食，也不再有挑食的现象发生。在课间，我们经常看到孩子去和他自己种植的作物说悄悄话，精心养护，这是一种生命对生命的呵护。农耕体验，为孩子提供了感受生命从萌芽到成熟甚至死亡全过程的机会，这也成为生命教育的一个部分，让孩子懂得大自然造物的神奇和美丽。

几乎从项目运营一开始，我们就把当地民谚、童谣的收集作为工作的一个部分，也是乡音保存的职责所在，教学过程中丝毫不排斥方言。鲍校长说：乡音就是本地的《诗经》，是无墨之画，无弦之音。童谣是儿童和老人沟通最好的渠道，不仅丰富了孩子们的童年，也唤醒了老人的童年。

永济试点的姜丽和苗盼这两位妈妈利用之前工作经历中得

到的一些经验，从乡间收集了不少当地的民谚和童谣，她们先是自己找老人去学，然后记录成文字，最后再教给孩子们。类似于“出南门走六步，看见六叔和六舅，好六叔好六舅，借我六斗六升好绿豆，收了秋打了豆，再还六叔六舅六斗六升好绿豆”等很多童谣都是她们在乡间地头采集到的。这其中，有反映当地物产成长时节的，“正月的菠菜遍地青，二月闪出羊角葱，三月韭菜成街卖，四月莴笋拌小葱”；有表现传统手工艺的，“十亩地八亩宽，中间坐个女儿官，脚一踏，手一扳，十个莲花都动端”；也有顺口溜等等。现在，永济试点已有了自己的乡音小分队，孩子们可以模仿乡土的叫卖声，也可以表演当地的童谣，声音出来的时候，方言的味道非常浓，不熟悉当地语言的可能很难辨认是哪个字，但好听的乡味儿将会成为孩子童年独特的记忆。

在乡音小分队的基础上，两位老师还在努力学习蒲剧，山西自古“村村有戏台，家家有戏看”，戏曲的种类和丰富性在全国首屈一指，虽然她们并没有能力为戏曲艺术的传承作出多大的贡献，但她们可以为孩子留下关于戏曲艺术的印记。除了永济试点，兰考试点也在进行豫剧的教学，孙富岭老师特意找到村里的老人学习了《谁说女子不如男》等豫剧片段，并带着孩子们在六一儿童节时进行表演。在长治，李冰老师经常把村里的八音会请到课堂当中去，请村里的音乐人表演给孩子们看，也让孩子们摸一摸，吹一吹，亲身感受民俗乐器的音色和演奏方式，自然这也是对乡土文化的传承与弘扬。

在项目幼儿园里，老师们一直在尝试，所有的教具、玩具都从当地取材，亲自手工制作，当地有什么，老师就用什么，孩子们就学习什么。兰考有高大的桐木，木头中间天然有一个小孔，老师们把大大小小的木头都锯成了小木头块，孩子们可以用来做积木、学习数学，还可以跳格子。

春天的时候，柳树长出了嫩嫩的枝条，老师们就带着孩子们拧鼻牛，有的孩子甚至能用它吹出简单的曲子，旋律回响在山野之间，是人与自然，人与天地的和谐。甚至课堂上所讲故事的取材，也要选择孩子们身边有的、熟悉的东西，必要时也会做出合理的改编。童话里《农夫和鱼》的故事中讲到了大海，但项目的试点都位于内陆，很少有孩子对大海有直观的体验，故事与孩子之间的亲近就打了折扣。为了避免这类问题，项目老师就可能改动故事中的某些细节。如对永济试点的孩子来说，他们最亲近的是母亲河黄河，黄河水从山西的西面和南面流过，滋润和养育了一代又一代运城人，一代又一代山西人。老师以黄河作为故事的主体，更容易被孩子们接受和理解，直观的意识更容易形成。

在上自然课程时，项目组的三个试点也会分别选择有当地特色的植物和动物，节气、节日也会沿用不同的乡风礼俗。山

◎兰考试点乡土玩具

◎开耕

西长治的主要粮食作物是玉米。李冰老师和郭东翠老师设计了成系列的老玉米课程，包括以玉米为主题的农耕课、数学课、绘画课、手工课等。运城当地的花馍全国闻名，苗盼老师和姜丽老师特意为孩子们开设了花馍课程，在食育中让孩子们体验劳动和创造的快乐。现在家长很注重给孩子过生日，而且会办西式的生日宴会，买生日蛋糕，但在这里，却是姥姥蒸好手工的花馍，在孩子头上绕三圈，男孩的花馍做成虎的形状，女孩的做成鱼的形状，寄寓着家长对孩子美好的寄托与期待。他们希望男孩子像小老虎一样勇敢、茁壮地成长，希望女孩子像鱼一样柔顺而美丽。

（五）合作：打通一切空间开放办学

在“三亲”理念的指导下，“华夏乡村儿童启蒙教育项目”不仅讲师教，而且还讲天教、地教、社教和家教，“天地君亲师”是我们的“五老师”。教育不再是老师的独角戏，也不再是单打独唱，而是力求多方配合、各方的有机结合。师教与家教相结合，形成“上所施，下所效”的德育环境。学校与社区教育相结合，形成仁爱礼义的教育合作机制。课堂与自然教育相结合，创造传道授业的开慧教育条件。乡村与城市教育相结合，实现传统与现代对接的教育创新。在三年多的探索当中，逐渐形成了多种形式的合作办学模式，孩子们在全社会的关注下逐渐成长。

首先是师教与家教相结合。我们坚持认为，对孩子来说，最重要的老师并非我们，而是他们的父母。这在孩子年纪越小的时候表现得越为突出，真正的教育是要从胎教就开始的。所以对我们来说，最重要的教育活动并非教育孩子，而是教育家长，每一个试点都通过不同的形式开设了家长课堂，或者是传统文化讲座，或者是家长论坛。在关头试点，一个孩子的妈妈可以做极好的手工，李冰老师就发起了妈妈手工堂，每周她们都进行手工课的教学，在这个教学的过程中就可以展开充分的交流活动。

日常教学过程中，我们希望给家长提供最大限度地参与项目教学活动的机会。如“小手拉大手”，为了帮助孩子学习经典，很多家庭都配有“播经机”，尤其是关头试点家家都有，老师就要求孩子和父母一起学习。孩子需要阅读和讲述绘本来增强阅读能力和表达能力，老师就鼓励孩子多向家长寻求帮助。在一些重大的节日，如儿童节、中秋节或者父亲节和母亲节，幼儿园会举行丰富多彩的亲子活动，为家长和孩子创设更多的亲近、交流感情的机会。永济试点的家长会轮流到幼儿园为孩子准备午饭，每当自己的家长准备的食物得到小伙伴的赞扬时，孩子脸上的骄傲更是成了父母进步的动力。很多时候，我们也会把孩子的家长邀请到学校，担任一天或一节课的临时老师，让孩子发现自己父母原来有那么多的优点，甚至是无所不能的超人。

幼儿园里有不少的留守儿童，这些孩子并不能经常见到自己的父母，老师通过微信群等方式及时向父母汇报孩子在学校的表现，也鼓励在外的父母通过拍摄视频等方式表达自己对孩子的爱。在兰考试点，一位父亲给自己儿子唱了一首歌，当老师放给孩子们听的时候，所有的孩子要求老师放了一遍又一遍。

其次是学校与社区教育相结合。社区是更大范围的家庭，社区里的老人是自己的爷爷奶奶，其他孩子的父母也是自己的长辈。孟子说："老吾老以及人之老，幼吾幼以及人之幼。"在教育过程中充分与社区合作，既可以充分盘活教育资源，也更方便为孩子建立孝老尊亲、建立和谐人际关系的意识。

我们主张，社区的每一个成员都是教育的参与者，我们鼓励所有人到幼儿园里参与教学工作，也要求孩子向每一位长辈行礼问好。永济试点的一家幼儿园隔壁是老人活动的场所，经常有社区的老人在那里吃饭、唱歌、跳舞，老师就经常带着孩子们去，为老人表演节目，听他们讲讲那过去的故事。每年的重阳节，兰考试点的老师都会组织孩子给老人洗脚，陪老人聊天。在平时的教学活动中，尤其是食育课上，当孩子们精心制作了美食，老师就鼓励他们走出校园，去送给身边的人，在大家的共同努力下，和谐的社区关系就营建起来了。

在山西长治试点，老师们自发捐款筹集了老少齐聚资金，每当儿童节、端午节、重阳节等节日来临的时候，李冰老师和郭东翠老师就会带着孩子精心制作邀请卡，挨家挨户送到村里的老人手中。当孩子和老人抱在一起，李冰说，这应该就接近了《礼记·礼运》篇所讲的"大同"了吧。活动当天，家长们都来到学校担任志愿者，揉面、包饺子、煮饺子，忙得不亦乐乎；孩子们跑前跑后，或在校门口迎接老人，或为爷爷奶奶搬凳子、端茶倒水，并献上他们精心准备的文艺演出；老人的笑容和暖暖的炊烟映在一起，饱含着对孩子们的赞扬和期许。

再次是课堂与自然教育相结合。所谓“读万卷书，行万里路”，我们深知，只把孩子限制在狭小的教室里，是没有办法实现孩子的全面而个性化的发展的。大自然就是很好的课程，很好的教材，很多课程的素材都与自然相关。如手工课，我们绝大多数的材料是从田野之间采集来的，树叶、果实、种子在老师和孩子手下变成精美的画作或工艺品；如绘画课，我们从来不采用老师画出范画而让孩子模仿的方式进行美术教学，我们只要求孩子把他们当天的所见、所想呈现在纸上，从简单的线条到斑斓的色彩，孩子每天都在进步；再如识字课，我们让孩子用捡来的树枝摆字，边玩边学，既有趣，又记住了当天学习到的新字。

最后是乡村与城市教育相结合。虽然项目最初的着眼点是解决乡村留守儿童的教育问题，是希望办更适合乡村实际的优质教育，但我们也不愿将教育局限于乡村，所以我们一开始就规划有城乡互动课，请城市里的家长带着孩子与我们一起感受乡村和自然的美丽。

2015 年端午节，关头试点的第一次城乡互动课结束后，家长们说：“这是他们度过的最快乐的端午，吃过的最香的凉粉和粽子。”利用在长治县城开办有私塾的便利条件，李冰为孩子们规划了一周的县城生活体验，孩子们几乎都是第一次离开父母，过集体生活，老师原本以为他们会哭闹不适应，但孩子们不仅没有出现任何不适应环境的情况，还懂礼貌，守规矩，与县城的小朋友相处融洽。在这次活动之后，若水私塾和关头幼儿园，尝试共同完成了更多的课程，如端午的老少齐聚、孔子诞辰活动、祭拜炎帝陵等。随着项目的发展，不少城市幼儿园也表示认可项目理念，希望开办自己的“三亲教育”。关头周边县区和县城的家长自发到关头村幼儿园进行考察，将孩子送到幼儿园学习；河北内丘特意派老师到项目幼儿园参观，并提供了为期数月的志愿服务。我们也希望进行更广泛的合作，让城市和乡村的孩子共享最优质的教育。

（六）收获：老师、孩子、家长、项目、乡村的共同成长

从2014年8月18日项目启动以来，我们已共同走过3年多的探索之路。在孩子的成长过程中，与成为一个说教者相比，我们更希望做一个陪伴者。所以我们要求教师“弗语”，在不必要的时候不干预、不插手，行不言之教。很多情况下，我们只是把孩子带到田野上，带到土地当中去，或者只给画本、画笔，让孩子自由地创作和发挥。鲍校长说：我们要让小草长成小草，让大树长成大树。项目运行两年以来，三个试点学校所在村庄的情况已经发生了可喜的变化，这是值得我们自豪和满足的事情。

在长治试点，首先是课堂氛围发生了显著的变化。在项目开始之前，关头村幼儿园的教学还是照本宣科，课堂气氛死板单调。而今，不大的小院里种满了孩子们亲手培植的西红柿、黄瓜、葫芦、豆角、丝瓜等蔬菜，孩子们每天亲自浇水，除草；课堂上，他们已经完成了《三字经》《百家姓》《千字文》《弟子规》

《笠翁对韵》等蒙学经典的诵读和指读，在不知不觉间认识了很多汉字。每年的六一儿童节，关头村都是老少齐聚共度六一，孩子们都要亲手为村里的老人制作节日邀请函，并走近两个小时的山路一张张送到老人手上。在整个路途中，孩子们进门请老师先进，上坡请老师先上，感动之余，老师只能告诉孩子们："我要在旁边保护你们，你们先走。" 2016 年之后的每个元宵节，都是关头村老少齐聚的日子，全村男女老少聚在村委大院拌馅儿、擀面片儿、包饺子，女人包，男人煮，当媳妇们把一盘盘热腾腾的饺子端到长辈们面前时，老人们笑得合不拢嘴。这样的场景应该就是我们期待的乡村文明了吧，这全村老少一起吃的热气腾腾的饺子，日后回忆起来就是那守得住的乡愁。

其次是孩子们有了明显的进步和改变。挑食的少了，吃零食的少了，看电视的少了；读书的多了，主动跟长辈问好的多了，给妈妈捶背洗脚的多了。永济试点每天中午都有家长给孩子们做饭，老师会跟家长交流孩子在学校的表现，孩子们也一起帮家长剥蒜甚至切菜，到中午吃饭的时候吃得香极了，不仅不挑食，还懂得"长者先，幼者后"，请父母老师先吃，不浪费食物，不剩饭，还会自己刷碗。

教育部前师范司司长管培俊和 21 世纪教育发展研究院院长杨东平都曾由衷地表示："有村的地方一定要有学校。"村落中的学校不单是教育的中心，也是文化的中心，更是一个村庄的灵魂所在，因为有孩子的地方才有根基，有孩子的地方才有灵气和希望。"华夏乡村儿童启蒙教育项目"也给村庄带来了显著的改变，孩子们留在了村庄里读书，给村庄带去了生机和活力，也带去了希望和梦想；老师们在教学的同时，也通过家长学校、传统文化讲座、“小手拉大手”等多种方式给家长和村民带去了乡风和民风的好转和变化，村里打麻将的少了，夫妻吵架的少了，邻里关系、夫妻关系更加和谐和融洽了。

3年以来，项目的运行也得到了很多的鼓励和支持，越来越多的专家学者关注项目的前景和发展，越来越多关心和正实践在儿童教育事业当中的老师也在和我们进行分享和学习，家长们也越来越肯定孩子们的表现和老师们的付出，对幼儿园的活动从不关心到主动报名，并积极提供帮助。

孙富岭老师说，他们的家长总跟她讲：“幼儿园有什么事儿就喊我们，别客气，我们都会来的。”项目试点的数量也在增加，鲍校长亲身实践，在长治县城开设了若水私塾；南阳文化周庄和安阳滑县山木村幼儿园自2016年起开始参与项目实践；

◎贵州试点“点朱砂”仪式

永济试点的幼儿园从最初的一个发展到多个；2017 年 7 月起，贵州省黎平县黔东南自治州 10 位幼儿园教师到项目组参加培训和实习，并在 9 月迎来了第一批学生，项目由此开始了在少数民族地区的教育探索；2017 年 9 月，项目组在北京开办了凤凰耕读学堂。自 2017 年 7 月起，我们已经举办了三期面向全社会的幼儿师资培训，培训之后，不少老师和幼儿园向我们表达了合作意向。同时，为了提供 3~12 岁持续时间更长、更完整科学的儿童教育，我们小学阶段的教育探索也已经启动。

教育是民族的未来和灵魂，乡村教育更是一个乡村再次复兴的魂中之魂。儿童教育做好了，才能帮助孩子塑造出正确的人生观、世界观、价值观，也才能够为他们未来的发展打下一个坚实的基础。学校的落寞与繁荣背后就是村庄的衰落与复兴，教育做好了，就可以激发乡村的活力和增加人才的积淀，从村庄走出去的孩子们终将带着自己对这片土地的眷恋，回到自己的故乡，为它的文明复兴贡献力量。

王瑾　中国社会科学院研究生院

五

祖先智慧传承中的文化创新与教育创新

“吉祥妈妈”乌日娜

“吉祥妈妈”乌日娜是优秀的民族歌唱家，国家一级演员，获得过无数歌唱领域的奖项，一首《吉祥三宝》让她走入大众视野。她不仅仅是台上灿烂的明星，更是幕后默默耕耘的“搭台人”——她作为中央民族大学的声乐教授，培养了无数优秀的民族歌曲传唱者。为了让祖先的歌曲和智慧能够在年轻一代中继续传唱，她参与组织了第一个少数民族合唱团“五彩传说”，导演了第一部鄂温克族原生态舞台剧《敖鲁古雅》，并在积极筹备鄂温克儿童舞台剧和儿童艺术团。她热爱家乡，关注乡土文化传承，用独特的人格魅力和教育理念，唤醒了当地人的自信和热情，让他们主动投入到民族文化传承的事业中。她从艺术的角度切入，又带动了更多圈外人的参与，这样的文化创新和教育创新，超越了一厢情愿的改变，焕发出旺盛的生命力。

（一）初试：从“吉祥三宝”到“五彩传说”

传唱祖先的民歌

2005 年春天，乌日娜的丈夫布仁巴雅尔的《天边》专辑发行，其中欢快又充溢着温馨氛围的《吉祥三宝》迅速流行起来，这引发了乌日娜夫妇的思索："好听的歌曲不论用什么语言都会受到大家的喜爱，而自己的家乡有那么多的优秀的民歌，大部分都没有被传唱出来，怎样能让更多人听到呢？"当时的乌日娜，心里还没有清晰的思路，初步设想把内蒙古各个部落的特色文化做全景展示，但又觉得过于庞大，实施起来很有难度。

当年夏天，乌日娜夫妇参加了在香港举办的内蒙古商会的文艺联欢会，在那里他们见到了很多自己家乡呼伦贝尔地区的照片，尤其是冬天的鄂温克人的生活情景，由此认识了照片的拍摄者——凤凰卫视中文台台长王纪言。王纪言出生在内蒙古乌兰浩特市，也是草原走出的文化人，和乌日娜一样，心中一直惦念着草原的文化传承。那次碰面之后，每次王纪言到北京，都会约乌日娜夫妇一起到蒙餐馆喝茶，话题永远只有一个：怎么把内蒙古的特色文化传递出来？

有一次，王纪言推荐了一部他看过的法国电影《放牛班的春天》，讲一个声乐老师如何在小乡村里教学生音乐。乌日娜夫妇看了之后特别喜欢这个朴实的故事，大家萌生了一个想法：为什么不从孩子入手，成立一个儿童合唱团？三人一拍即合，立刻明确了分工，王纪言负责筹备资金，乌日娜和布仁来编排节目。

乌日娜和布仁都来自呼伦贝尔大草原，这里有内蒙古其他地区没有的两个蒙古族部落：布里亚特和巴尔虎部落，还有经常被外界简化代称为"三少民族"的达斡尔族、鄂伦春族、鄂温克族。乌日娜和布仁一直在收集呼伦贝尔各民族或者部落的民歌，每个部落都有几百首，一直没有机会传唱出去。《吉祥三宝》经过2006年的春晚之后红遍大江南北，但也只是这一首歌广为流传。于是乌日娜就从收集的几千首民歌中挑选出适合孩子们唱的，每天在家里写卡片，把曲目一首首罗列出来，再不停推敲、更换，慢慢形成了最初的节目单。

为什么选择民歌呢？乌日娜认为，民歌是文化的源泉，它的旋律和歌词并不是从天上掉下来的，是很多人经过很多年共同创作的东西。最开始可能是在某个时代，有个人失恋了，面向着辽阔的草原诉说自己的情绪，后一代的人听到了感同身受，就接着唱下去，后来大家都觉得经典，就流传下来了。只有经典的歌曲才会被保留下来。民歌里不仅有爱情，还有地理、历史、人与自然的关系、人与人的关系、生活习俗等，传递的是对家乡的热爱、对生命的尊重，还有生活智慧和做人原则。比如《海拉尔河》《莫尔格勒河》唱的就是河边的生活和当地的乡土文化;《母鹿之歌》《小白兔》《天鹅》等歌中就有爱护动物、爱惜自然的思想。只要学一首歌，就能学会很多其中蕴含的道理。草原的民歌都很含蓄，通过对牛马、花草等的联想、比喻来表达感情，有很高的艺术水准。所以说民歌是伟大的艺术珍品，应该得到传承。而传承最好的方式，就是让孩子们学习自己民族的歌曲。布仁老师说过，孩子幼年的经历是永远忘不掉的，把民歌传给孩子们，这就是他们一辈子的记忆。乌日娜和布仁都是从小开始唱歌，他们自身的经历让他们相信，孩子用不着学习那么多基础的理论就可以唱歌，他们有能力唱好任何作品。

有了初步的想法和资金渠道后，乌日娜夫妇亲自深入牧区和林区选拔孩子，从面试的300多个孩子里，仔细地挑了37个。除了音乐天赋，他们还格外注重孩子的综合素质，比如是否会拉马头琴、跳民族舞，是否会用母语唱民歌等。

在根据这些孩子的特点设计节目的时候，乌日娜将合唱团定名为“五彩传说”呼伦贝尔儿童合唱团，因为孩子们来自鄂伦春、鄂温克、达斡尔“三少民族”以及巴尔虎蒙古族和布里亚特蒙古族两个蒙古族部落，这五种文化特色是呼伦贝尔地区独有的，非常有代表性。这些不同的民族或者部落向来都比较和谐，从没有大的纷争，在乌日娜心中，“五彩”象征着吉祥、和睦，就像人的五个手指，也像一棵树的枝丫，虽然各有特色，但都有共同的根——呼伦贝尔。“传说”则明确了合唱团的主题和定位：把祖先留下来的民歌更好地传唱下去，而且一定要用本民族的语言。所以乌日娜请来了鄂伦春歌唱家白娟、白炎，达斡尔的阿拉坦仓，鄂温克的乌娜，巴尔虎的布仁、乌日塔那森，布里亚特的道力金。这些老师大多是各文化领域内著名的专家学者，每个人都有丰富的民歌知识，也会唱许多民歌，他们教孩子语言，也教本民族的习俗和传统。孩子们不光学习自己部落的歌，还同时学好几种语言。对于人口很少的民族和部落来说，这样的传承很务实，也很持久。

没有导演痕迹的导演

2006年底，“五彩传说”儿童合唱团正式成立了。用什么样的方法培养、引导这些孩子？乌日娜说自己的核心思路就是“尊重、保护孩子的天性，想办法让他们发现自己”。作为专业的声乐老师，乌日娜一方面努力筛选孩子们可以完成的作品；一方面，遇到特别有天赋、有特点的孩子时，又完全开放，给孩子们自主权。比如特别会唱歌的鄂温克男孩巴特尔道尔吉，考试的时候年龄已经比规定年龄超了 1 岁，唱的歌——《梦中的额吉》也不是传统民歌。但他唱得太好了，很多老师当场被感动得流泪，所以这首歌被完整保留了下来，后来成为合唱团的经典独唱节目。另外一个男孩达西道尔吉是布里亚特蒙古族，复试时因为感冒影响了发挥，当老师们犹豫到底收不收的时候，他主动提出来再要 5 分钟准备一下。他用这 5 分钟时间编了整套的舞蹈动作，边唱边演，一会儿撅撅屁股，一会儿勾勾手指，所有评委都笑到肚子疼，最后顺利过关。合唱团后来选了他参赛的这首布里亚特民歌《吆胡尔》（讲的是邀请朋友加入篝火舞的情景），乌日娜就让达西道尔吉把当时考试时编的动作完整地教给其他孩子，一个动作都不要改。每次排练到这首歌，达西道尔吉都劲头十足给大家做示范、挑毛病，他成了这个节目的“编舞”，拥有编排动作的完全自主权。他的责任感被彻底激发了出来，也特别有成就感。这样编排出来的节目，不像传统的被大人调教过的儿童节目那样古板、成人化，而是充满了儿童天然的灵动，人们看着也自然舒服。用乌日娜的话说，“我的导演是没有导演痕迹的导演”。

这样的编排其实并不容易，有时候需要勇气来取舍。有一次乌日娜没法来指导排练，就找了一个歌舞团的老师来给《天鹅》这首歌编舞。老师编了模仿天鹅低头的动作，虽然动作很真实也很优美，但对于合唱来说，低头声音就出不来，乌日娜还是果断放弃了这个动作，只保留了适合合唱时表演的扇翅膀的动作。在音乐伴奏的间隙，她让孩子们愿意做什么动作就做什么动作，只要想象自己是天鹅就可以。自然界里湖边的天鹅也不会有完全一样的动作，孩子们也是，有的喝水，有的梳理羽毛，有的一起玩耍……效果反倒自然可爱。另外一个节目中有个摔跤舞的部分，一个叫敖成的胖胖男孩，是团里的草原形象大使。他的乐感一般，经常跟不上节奏，乌日娜也不强求，只要他表演好自己的摔跤部分就成了。有一次表演，和他摔跤的男老师没有故意让着他，他没摔过，就在舞台上哭了起来……乌日娜却觉得舞台上哭也没关系，都是正常的。所以看过“五彩传说”演出的人都说，孩子们的天性都在舞台上绽放出来了，特别棒。

各美其美　美美与共

排练了几个月之后，孩子们在海拉尔一个小剧院中进行了首场演出，初次登台的孩子们表现出了远远超出老师们预期的效果，既有专业水准，又不失天真烂漫。“五彩传说”儿童合唱团一炮打响，随之而来的就是各种赞誉和正式演出。2007 年，“五彩传说”呼伦贝尔儿童合唱团开始了全国的巡回演出，足迹遍布呼和浩特、北京、深圳，2008 年到香港和台湾地区演出，演出的节目《五彩传说——草原童年的歌谣》成为经典。孩子们还与德德玛老师同台，登上了 2008 年春晚的舞台，成了呼伦贝尔地区最阳光的文化名片。

回想起发展过程中最困难的地方，乌日娜坦言，不是节目编排，而是获得大家理解的过程。最开始创办合唱团时，大部分人并不明白乌日娜夫妇在做什么。地方政府因为不确定成果而不敢贸然投入资金支持，家长们因为孩子训练耽误学习或者路途遥远等原因让孩子退出，但是有些愿意支持的人一听说是孩子有关的事儿就为合唱团联系一些幼儿园演出……艺术家的敏锐直觉和大胆创新，往往先行于时代的发展。“五彩传说”是中国第一个少数民族儿童合唱团，在此之后，呼伦贝尔所有的小学都成立了合唱团，教孩子们重新学民歌。所以说，它的创立，不仅仅是文化创新，也是教育创新。

孩子们的变化在悄然发生。刚来合唱团的时候，只有布里亚特蒙古族的孩子穿着民族服装，而且是一年四季都不一样，参与平时劳动和盛大节日的服装也不一样。巴尔虎蒙古族、达斡尔族、鄂温克族孩子们就都没有。他们看了别人穿着漂亮的衣服，回去就和家里人说民族服装太好看了，都要求妈妈给自己做。这下妈妈们可有事儿干了，自己的手艺也终于派上用场了，平常都没想过要给孩子做衣服，觉得用不上，现在都想尽

◎ 身着民族服装的孩子们

办法把衣服做得细致、讲究。有一首歌叫作《巴尔虎靴子》，说的是孩子穿上漂亮靴子在大人面前炫耀，也赞美母亲的手巧，歌词一下子变成了真实生活的写照，巴尔虎孩子们唱起来特别投入，浑身都是自豪的气息，觉得自己特别美。

更深的变化还是在内心。加入合唱团之后，孩子们的民族认同感更强了。在当时，很多少数民族的家庭都希望孩子去学汉语，似乎这样代表着更有文化。加入合唱团以后孩子们不这么想了，汉语谁都会，自己民族的语言、民歌才更特别！所以敖斯卡乐到了上小学的年纪，就主动和家里人说要去蒙语小学。另外一个孩子苏文祥觉得蒙古族的名字特别酷，听起来就是少数民族，就把自己的名字改成了“苏赫卡腾巴尔特”，达斡尔语的意思就是“像斧子一样坚硬的英雄”。鄂伦春女孩安蕊，本名姓孟，她用“孟”字的鄂伦春词源改了名字，介绍自己的时候说，“我叫玛哈依尔·安蕊”……这样的例子数不胜数。留在孩子的心中的，不仅仅是美妙的旋律、故事、语言，更是自己的民族、家乡，自己的根。

不过，有时候个人的民族认同感太强了也会出现问题。刚开始乌达木和达西道尔吉总是不和，达西道尔吉是布里亚特蒙古族，每当念到一些蒙古族诗歌，提到自己是蒙古族的时候，他就用布里亚特方言改编成“我是布里亚特……”，乌达木听了就特别不高兴。乌达木是巴尔虎人，又特别认真，觉得你怎么能擅自改编人家的诗歌呢？于是两个人就吵了起来。后来有一次孩子们互相帮忙穿服装时，乌达木帮达西道尔吉系腰带，达西道尔吉就不高兴了：“我是布里亚特人，我不要按照你们巴尔虎的腰带系法，这里要出来，这里也要出来……”两个人又闹别扭。乌日娜每次看到后就把他们拉到一起，讲道理，让他们相互说对不起，然后再拉拉手和好。几次之后，两个人就成了很好的朋友，懂得互相体谅了。

其实不要说孩子，一开始老师们也有这种情绪，布里亚特的老师就只负责看着自己部落的几个孩子，集体出去的时候，老师还夸张地用胳膊把孩子们拢在怀里；达斡尔的老师也是，只要团里的达斡尔男孩不出事儿，他就不再担心其他的孩子。而巴尔虎的孩子很多，老师根本照顾不过来，需要帮忙的时候反倒找不到人……乌日娜看到这种情形，专门把老师们叫到一起开会，“夜聊会”持续到早晨5点多，她的想法是，不同民族的老师是为了方便孩子能学习到地道的方言和文化，而不是搞小团体。孩子是大家的孩子，哪个孩子遇到困难都需要帮忙。如果老师们都各自为政，孩子们就会跟着学，心里总想着我是某某老师团队的，这很不利于团队的发展。最后大家一致同意，老师们实行分工制，有的老师负责孩子的服装整理，有的关注孩子们的健康，对所有的孩子都要一视同仁。乌日娜本身就是高度开放包容的人，她和布仁看到有的孩子回家路费太贵，或者买服装需要资金等，经常自掏腰包帮助他们，不论孩子是哪个民族的。她的言传身教很有影响力，大家在这里慢慢学会如何平衡个性和共性，在做自己的同时，又能包容他人，爱护团队。认同与融合，这些最珍贵的人生道理，“五彩传说”儿童合唱团的孩子们在幼年就开始朦朦胧胧地体会到了。

10年之后，当年的孩子们再次相聚，20多首歌曲，所有的声部没有一个人忘记。他们生活在各个地区，大部分都在高校学习，其他的有远在边防守边的，也有在家当牧民的。他们回忆起小时候的经历，谁出糗了，谁和谁打架了……无比怀念。2016 年暑假，乌日娜让当年最优秀的几个孩子亲自辅导现在的“五彩传说”儿童合唱团，并且带着他们去蒙古演出。她对孩子们说：“当年我们怎么培养你们的，现在你们就怎么来教弟弟妹妹。全看你们的了。”

文化传承的接力棒，似乎已经悄然递给了年轻的一代。

（二）抢救：《敖鲁古雅》舞台剧还原真实生活

深入生活，弘扬民间文化

乌日娜虽然不是学者，但她对于决心要做的事，总有一股研究的热情。2008 年，鄂温克自治旗成立 50 周年之际，乌日娜获得了当地政府的支持，做了一张纪念性的个人专辑。一直从事民歌收集的乌日娜没有随便挑选几首录制，而是选择专程跑去鄂温克人生活的地方采风，亲自去聆听更真实的历史的声音。辉河、伊敏、巴彦查干、根河、阿里河……一圈走下来，她采录了很多原汁原味的民歌，还有 100 多岁的老人在森林里录制的声音。回来之后，乌日娜发现怎么学唱都不如原唱好听，毅然决定，做一张大家的专辑！于是《历史的声音》诞生了。14 首歌，涵盖了鄂温克民族索伦、通古斯、使鹿鄂温克三大部落不同风格的民歌，并由各部落的歌手用本地区方言来演唱。布仁巴雅尔说：“这张专辑不只是一张音乐唱片，更是一份有一定学术研究价值的宝贵资料。”

嘎拉森道尔基为了参加专辑的录制，特地到一个通古斯鄂温克老人那里学了《家乡的百灵》。细心的人们听后，能从这首歌里感受到一些俄罗斯音乐的影子。其实，鄂温克族广泛分布在俄罗斯、蒙古国和中国境内，历史上的若干次迁徙，不光是人口和货物的流动，更是文化的传播和融合。这也是为什么音乐往往能超越国界、穿越时空。专辑里还有两位高龄老人出现：一位是在开篇回忆曲《回忆》中献声的玛丽亚・布老奶奶（108 岁），另一位是演唱《毛敖吉河》的玛丽亚・索老奶奶（84 岁）。她们的歌声，为专辑增添了厚厚的历史感。

这就是乌日娜的方式，不是从“自己的”或者“别人的”角度出发，而是认真地考虑作品用什么方式表达更合适，怎么做出经典的好东西。她在专辑里只有一首独唱加一首《吉祥三宝》，但正是这样对作品负责认真的态度，成就了一张鄂温克民歌经典。她还用有限的资源拍摄了一部 MV，鄂温克人驰骋在森林和草原，电影胶片的质感传递出丰富的生活气息，加上歌手们各具特色的演绎，整个民族的生活剪影被细细勾勒出来。

2008 年 6 月为专辑采风的时候，乌日娜来到根河市。当地的领导用蒙古族的音乐和献哈达的仪式迎接。乌日娜很直接地问：“这些礼仪内蒙古各地都是一样的，根河有没有自己的特色呢？”“这里都是森林工人，哪有什么特色？”当地的书记也有点困惑。“这里不是还有敖古鲁雅鄂温克人吗？”“可是没有人做他们的文化，也没有了解的人。”“那应该好好做一下。”乌日娜的提议得到了当地政府的支持，双方商量办一台“晚会”。传统的晚会都是请一些名人来演出，一晚上把所有的钱都花了，结束了也没有留下什么。乌日娜想的晚会却不是这样，要有完整的剧本和故事情节，还有相匹配的音乐、服装，可以留给当地的乌兰牧骑一直演。当地政府喜出望外，从没想过会有这么棒的文化传承的形式，于是和乌日娜一拍即合。这就是《敖鲁古雅》舞台剧的雏形。

一切从零开始

历史上，敖鲁古雅人的音乐、舞蹈、服饰从来没有人研究整理，一切都要从零开始，而最难的就是收集史料：这个民族的人究竟是怎样在森林里生活的？当时乌日娜和布仁一起查了很多资料，偶然间看到有本书里写道：“像刘云山部长在《敖鲁古雅风情》里提到的有才华的鄂温克画家柳芭，应该得到机会好好学习……”从这里，乌日娜夫妇知道了有一本这样的书。布仁去很多地方找都找不到，后来终于在国家图书馆找到了，因为是孤本，不能借阅，他当场就给复印了，然后寄到刘云山那里，说他们特别喜欢这本书，希望能够再版。刘云山在内蒙古新华社工作的时候在鄂温克地区待了一个多月，专门收集整理敖鲁古雅鄂温克人的生活。书里描述了很多敖古鲁雅人 20 世纪 80 年代的生活情景，为乌日娜编排舞台剧提供了很多线索。现在“敖鲁古雅”这四个字就是当年刘云山部长给题词的。

敖鲁古雅，鄂温克语的意思是“杨树林茂盛的地方”。历史上，这支鄂温克部落虽然有过几次大的迁移，但一直都生活在森林里。他们是中国境内唯一驯养驯鹿的人，所以又被称为

"使鹿部落"，他们在林中打猎，根据驯鹿的食物多少而搬迁。他们人口稀少，居住分散，很少有人能够深入走进他们的世界，他们的很多生活细节并不为外人所知。刘云山有机会和敖鲁古雅人生活了一个多月，细致地描述了祭火神、崇拜熊、篝火上的一些节目等等生活场景。有一次，他去人家做客，看到一位叫"安道"的老人跳一种很特别的舞蹈，脖子动，但和新疆舞又不一样。于是乌日娜就根据书里提到的这个细节专程找到这位老人家里，恳请他重新跳一次……素材就这样一点一点积累起来了。

把零散的素材串起来需要完整的故事，乌日娜的灵感来自鄂温克老人玛利亚·索。她的两任丈夫都是酋长，后来自己带着部落的人生活，被外界称为"最后一个女酋长"。她一直生活在山林，把自然中所有的生命都当作朋友。她对小鹿、小鸟讲话，走到河流边，会自然而然地对河流说："我的河流，你就好好地流吧，虽然我就活到现在的年纪了，但是你一定要流到

◎《敖鲁古雅》仙鹤舞剧照

千年万年啊……”这种丰富的想象力和对自然万物的灵敏感知给了乌日娜很多灵感，整部舞台剧就以玛丽亚·索的自述为线索，通过讲述她年轻时与一位青年猎手的动人爱情故事，来展现一系列游猎生活场景。剧中有一幕“仙鹤舞”，就是源于玛利亚·索的真实的梦。有一次她对乌日娜说：“我十七八岁的时候做过一个梦，梦见变成仙鹤了。”然后边说边笑。乌日娜觉得她说的每个故事都那么美，那么诗意，就把这个梦搬上了舞台，变成了剧中女主人公的一个梦，为舞台剧增添了梦幻的气息。

通过多次的拜访，乌日娜也走进了玛丽亚·索的世界。2008 年的夏天有点干旱，乌日娜在老人家中时突然天降甘霖，玛利亚·索高兴地说：“别人的孩子，翅膀硬了飞走了；我的孩子，翅膀硬了却飞回来了。你看，你只要回来跟我学歌，上帝都会掉眼泪。”当风吹动树叶哗哗作响时，老人又意味深长地说：“树都是有生命的。它们是在为你们的歌声鼓掌。”2010 年，《敖鲁古雅》在北京保利剧院首演时，从未走出过大山的玛利亚·索应乌日娜之邀，办了有生以来的第一张身份证，带着她的驯鹿参加演出。谢幕时，90 岁高龄的玛利亚·索主动唱了一首鄂温克族民歌。观众为鄂温克族深厚的文化以及玛利亚·索的精神所折服，全场起立致敬。当掌声如潮水般响起，这位久经风霜的老人热泪纵横。

力求还原真实的生活

乌日娜找到著名的鄂温克作家、学者乌热尔图创作剧本，他是历史上第一位有影响力的鄂温克族作家，他的小说连续三年获得全国优秀短篇小说奖。由于对自己民族在森林中的游猎生活非常熟悉，他写的剧本浓缩了戏剧冲突，也真实反映了生活。

故事的主线是一个女孩出门遇到了狼，被一个勇敢的猎手搭救，姑娘对猎手心生好感，带他回家。部落里有一个喜欢她的小伙子看到后心里不服，两个人通过打猎一较高低。由于小伙子心里生气，出去猎熊闯了祸——敖鲁古雅人口很少，而且居住得很分散，常年都见不到一个人，所以不会出现吵架的情形，但是如果自己心里喜欢的女孩被别人抢走了，心里特别生气，又不知道怎么发泄，就去猎一只熊，不管是不是会有危险，反正证明了我的勇敢——这是非常真实的心理活动。熊是森林里最庞大的野兽，因为它会直立行走，能用掌扇人，并且它咳嗽的声音和老人一样，所以鄂温克人叫熊“额特日肯”（老爷子的尊称）。平时在森林中与熊相遇的时候，猎人们并不会主动攻击熊，偶尔为了自卫猎杀熊之后，要表现出一种郁闷不乐，似有悲痛之意，对任何人都不讲熊是我或我们打死的，而要说“熊睡觉了”。然后还要进行葬熊仪式，要向神灵交代。享用完了熊之后，大家会说是乌鸦把熊吃了，不是人吃的，人们就学乌鸦叫……一系列的生活细节被如实地搬上舞台，艺术化地处理成了打猎舞、祭祀舞、乌鸦舞，故事发展既有冲突，但又自然流畅。

乌热尔图是用汉语写的剧本，但写完之后，乌日娜找到懂敖鲁古雅方言的人把歌词、串词等翻译给像玛丽亚·索这样的老人听，而且由敖鲁古雅的文化人玛尼老师来念对白。乌日娜觉得，这是为敖鲁古雅人做的东西，不论舞台效果怎么样，首先要得到他们的认可，他们喜欢不喜欢才是最重要的。《敖鲁古雅》在海拉尔演出的时候，一共演了60天，玛尼老师去看了40多天。一开始每次看完都哭，后面不哭了，开始留意一些小毛病，谁的腰带掉了，头发散了，衣服穿歪了……俨然成了专家。只有真心认同和喜爱，才会将一部剧看几十遍的吧。

乌日娜本身是声乐专业出身，加上又收集了不同地区的鄂温克民歌，对舞台剧的音乐自然有很高的要求。她一直坚持的就是纯森林的音乐，没有马头琴之类的草原音乐元素，这样才符合敖鲁古雅人的生活环境。鹿哨、口弦琴、木箫、萨满鼓等鄂温克人传统的民间乐器，营造出独特的气息，鄂温克人独创的“喉音发声打拍法”更是让众人惊叹不已。乌日娜介绍，喉音最初就是模仿大自然的声音，鸟叫、驯鹿叫、风声等，是最原生态的音乐，后来慢慢变成节奏，有了独特的称呼。这种唱法和一般唱法的发声位置和气的运用都不相同，听起来就像是千百人在低声吟唱，声音逐渐洪亮、越来越响。

舞台剧中充满民族风情的精美服饰可是费了些心思，其中最精致繁复的就是萨满服。传统的敖鲁古雅萨满服由神帽、神衣（短衣）、神裙、神裤等组成。在双肩及袖子上面、披肩的下部等处，都坠满了各种象征图腾崇拜的饰物，还有人体各关节的造型，如以柳叶形铁片一个接一个地连成链条式长串物的脊柱骨，以及拧成麻花纹的铁条钩圈相扣连接起来的骨髓。乌日娜找到百年以前的纽拉萨满的服装，找巧手的工匠仿制了一件一模一样的。萨满服上缝满了各种颜色的镶布和各种铜铁质地的造型饰物，达到了60斤重！演员穿着萨满服在舞台上跳起了“萨满舞”，这项国家级非物质文化遗产第一次在舞台上完整呈现。

制作猎民服饰的时候，乌日娜参考了很多俄罗斯的埃文基人的资料。中国境内的敖鲁古雅人最早是从俄罗斯迁徙过来的，从贝加尔湖畔到额尔古纳河畔，都有他们居住过的痕迹。所以剧中服装除了用到森林里的兽皮材料之外，还用很多海里的贝壳、珠子点缀，充分体现了族群的历史变迁。2008 年的冬天，乌日娜专程把几个鄂温克手艺人请到北京，同时还请了蒙古、俄罗斯的鄂温克人，中国境内的索伦鄂温克人、鄂伦春人，一群人吃住在一起，亲手设计、缝制出了各种样式的服装。

2009 年 3 月，乌日娜在根河组织了一次国际研讨会，邀请了俄罗斯的学者，国内的鄂温克作家、歌唱家，当地的研究会长、老师，会聚了鄂温克族的文化精英们。在一个大雪纷飞的日子，大家仔细推敲着舞台剧中的每一个细节。细到什么程度呢？在敖鲁古雅人祭祀山神的时候，要用两根树棍将猎物挂好，收起来的时候要非常谨慎，不能随意地分开，一定要一前一后。俄罗斯的学者说，舞台上一定要遵守这样的规矩。可这幕时间有限，只能把树棍合并在一起收起来。这样的细节外人根本丝毫不会留意，而乌日娜却把它们都记在心里。还有一个疏漏是剧中的松鸡的叫声，被一个老人指出，现在用的声音是母鸡和小鸡的叫声，剧中表达爱情时应该用求偶的叫声……乌日娜做出了鄂温克族历史上第一部舞台剧，但还一直谦虚地说自己学到了很多，还在不断改进。她和她的团队，用舞台艺术的方式，还原了敖鲁古雅人富有传奇色彩的原生态生活，为民族文化的传承保留了珍贵的历史资料。

唤醒民族自信

经过 14 个月的努力，2009 年 8 月 1 日，《敖鲁古雅》舞台剧在敖乡的希温吉雅河边首演了。在 18 米高的撮罗子（鄂温克人在森林中居住的房子，由几根木棍交互搭成圆锥形骨架、外面裹上桦树皮而成）前面，搭起了巨大的舞台，玛利亚·索老人早晨赶来，演员们的孩子也都热热闹闹地挤在一起……现场来了几千人，据说是根河历史上最大规模的演出。

第二年，舞台剧开始在海拉尔公演，在北京保利剧院开启全球巡演。2011 年到智利去参加国际艺术节，拿了 5 项大奖。其中有一项是“世界民族文化特殊贡献奖”，它的艺术性和对文化传承的贡献都得到了认可。目前，《敖鲁古雅》每年夏天都会在海拉尔演出一个月，成为呼伦贝尔的又一名片。这也是内蒙古地区目前唯一从登上舞台开始一直在市场演出的舞台剧。

敖鲁古雅部落只有 200 多人，因各种原因，之前在本部落的服饰文化方面丢掉了很多东西。乌日娜刚去根河的时候，看到当地的人全都穿着迷彩服，一副林场工人的打扮，很是诧异，这哪里还是鄂温克人？既没有传统的服饰，也没有现代的有美感的时装。问起他们，敖鲁古雅人都说：“我们没有大米，他们就给我们送大米；没有面，他们就给我们送面；没有酒，他们就给我们送酒来……”“那你们做什么呢？”乌日娜问。“我们啊，等着就行了。”他们已经完全丧失了对生活的追求，哪里还谈得上精神审美？

《敖鲁古雅》正式演出没几年，当地就发生了巨大的变化。

旅游业的快速发展增加了当地人的收入，鄂温克族传统文化也呈现出一丝生机。2013 年，乌日娜带着使鹿鄂温克人去参加世界驯鹿者大会，大家全都穿着自己的民族服饰，一个比一个漂亮。他们的家人，都在经营一些民族特色工艺品店，鹿皮、鹿茸、太阳花、桦树皮，还有蘑菇、木耳、野菜等等山货，从事着民族文化相关的行业，生活也大有起色，鄂温克人越来越有自信。

最早参演舞台剧的古革军，曾经带着他的驯鹿登台谢幕。目前他养了不少驯鹿，把旅游点经营得有声有色。他对乌日娜说，因为这个舞台剧，大家的生活变好了。首先是民族的审美已经恢复了，找到了真正的自己。原来总觉得自己不如城里人，一直向往过那样的生活。现在知道自己的生活很独特，大家因为使鹿鄂温克文化而自豪。

乌日娜说，现在大部分鄂温克孩子的微信头像都是驯鹿，年轻人也愿意拿使鹿部落来做自己的名片，好像一种集体的回归。这曾经被遗忘的文明，如今被越来越多的人向往。《敖鲁古雅》好像一颗投进湖心的石子，在鄂温克文化界激起了层层涟漪，波纹轻轻扩散，滋润了每个普通的鄂温克人的心，沉睡多年的民族自信，就这样流淌了出来。

（三）延伸:“被迫”成立小鹿艺术团

一路走来，乌日娜所做之事都是开创先河之举。细想，她每次的举动都是先有一个独特的创意，随后用不同于常人思维的方式去实施，进而带动改变发生。她一直思考的，不是怎样彰显自己的想法，而是如何把民族文化传承得更好。所以她做的事，从来不是自己的事，她把资源整合到一起，来实现大家共同的目标，这是她一步步创新的核心。

舞台上，《敖鲁古雅》每次演出都取得了巨大成功。台下，有些变化也在慢慢发生。宝音是鄂温克旗乌兰牧骑的老师，担任舞台剧的声乐老师。当年他的儿子伊如乐才两岁，因为没人看，排练的时候就经常带着。有一天，宝音回家发现，伊如乐从厨房找到一根大葱，又翻出一个锅盖，敲了一晚上，把手里的葱都敲烂了……他在模仿舞台剧里的萨满舞！后来有一次，伊如乐看到一个工艺品店里的小手鼓，立刻抓住不放，说是自己的，哭着喊着买走了，回去就不停地敲，大人跳什么动作他就跟着跳什么。宝音夫妇都跟着剧组巡演，没办法只能一直带着儿子，慢慢他就跟着上了台。他的节奏感很好，上去也挺可

◎ 乌日娜带领“小鹿们”参加乡土教育活动

爱的，效果也不错，就成了舞台剧里最小的“演员”。

后来大家发现，所有看过舞台剧的小孩子都特别喜欢这个节目，大人在舞台上演出，小孩子就在台下跟着学。鄂温克家庭里，很多小孩子都拿舞台剧的录像反复地看，看完了之后就模仿。2015 年，乌日娜长期的好搭档、在舞台剧里演玛利亚・索老人的乌娜老师和乌日娜说起，好多家长特别喜欢孩子学这个，都在问能不能参加这个节目。乌日娜觉得参加节目不太可能，但可以组织一个以传承为目的的新项目，她用“稀里糊涂就成立了这个艺术团”来描述这个偶然的契机。

乌日娜本身是内蒙古叙事民歌《母鹿之歌》的传承人，一直想做一部这个题材的儿童剧。2013 年着手组织了很多孩子，“小鹿”的名字是那时候顺口起的。一开始没有剧本和经费，就让孩子们先学《敖鲁古雅》里的舞蹈，没想到这些孩子们都入戏了，都特别喜欢学这个。到现在《母鹿之歌》还在计划中，会跳《敖鲁古雅》的孩子已经越来越多了。

后来大家沿用了“小鹿艺术团”的名字。从 2015 年，乌娜老师就作为团长，组织孩子们学习《敖鲁古雅》里的民歌和舞蹈。曾经有一阵子没有场地排练，大家就说先放一放，没想到家长们都不同意，执意要继续开班。后来乌日娜和乌娜老师“被迫”决定成立一个正规的艺术团，请了一个俄罗斯的鄂温克女孩教口弦琴，又教了一些民歌，加上《敖鲁古雅》里的舞蹈，夏天的时候组织了一台演出，正式宣布了“小鹿艺术团”成立。孩子和家长都开心得不得了。其中有一个男孩子芒莱，晚上睡觉的时候舞台服装都不脱，后来大家发现，只要是鄂温克孩子，没有一个不喜欢的。

小鹿艺术团主要学习鄂温克的民歌和舞蹈，成立之后发展迅速。很多家长都愿意把孩子送来学习，目前鄂温克旗已经有100多个孩子。一开始都是鄂温克孩子，现在很多孩子都愿意报名，汉族的、蒙古族的、达斡尔族的、鄂伦春族的，都到这里学习鄂温克的民族歌舞。乌娜老师是鄂温克旗乌兰牧骑的老师，她利用业余时间把很多孩子接到自己的家里一起住，教他们鄂温克语与蒙古语。很多小孩子的衣服，都是乌娜老师带着姐妹们一起亲手缝制的。

和当年的“五彩传说”儿童合唱团不同，小鹿艺术团一开始的定位就是民间的。没有官方的支持，就只能依托于想做这件事情的人。二团的团长嘎拉森都力玛老师本身是个牧民，并不是“艺术圈儿”的，因为自己的家人唱歌特别好，一直在参与乌日娜组织的各种活动，后来被带动起来，愿意组织通古斯鄂温克地区的孩子们学习家乡的文化。于是就在陈巴尔虎旗成立了二团，目前有四五十个孩子。值得一提的是，二团的声乐

◎“小鹿们”在草原上起舞

老师由《梦中的额吉》原唱巴特尔道尔吉担任，他是最早的“五彩传说”儿童合唱团的团员，学习民族文化，又以这种方式将它传承下去。乌日娜希望鄂温克不同部落的孩子能够清晰地辨识自己部落的文化特色，所以也非常鼓励不同地区的艺术团专注于当地乡土文化的挖掘和传承。

小鹿艺术团不像“五彩传说”那样追求专业的歌唱水平，更加强调文化传承的功能，因此也涉及更多鄂温克乐器、舞蹈、服饰等的学习。很多孩子其实并不太适合舞台表演，但家长们太热情了，乌日娜也通通接受。在她看来，会唱会跳当然更好，不会的也没关系，总比孩子在家里看手机、动漫，或者看家长打麻将要好……小鹿艺术团目前以幼儿园孩子为主，孩子们在一起很多时候是边玩边学。孩子们业余时间里跟这些新伙伴一起玩，家长们聚在一起也有更多共同的话题。大家都相信，在孩子性格养成的重要时期，民族文化的滋养会让他们的心变得如草原、森林般辽阔宽广。

目前，乌日娜在策划为通古斯鄂温克的孩子们编排一个他们的民间故事《彩虹的故事》，同时希望找机会把索伦鄂温克的《母鹿之歌》完成。加上使鹿鄂温克的《敖鲁古雅》，乌日娜为鄂温克三个不同部落都留下了自己的文化遗产，她自己笑着说：“我这辈子也就够了。”

2016 年的秋天，乌日娜受到乌日乌特的邀请，来到阿荣旗的猎民乡，借着当地建乡 60 周年文化演出的契机，商议成立小鹿三团。还在中央民族大学读博士的乌日乌特，是鄂伦春族（鄂温克的同源民族）少有的研究民族文化的博士，他欣赏乌日娜老师的理念和行动，也一直在提供很多协助。这一次，他接过文化传承的火炬，把火种带到了自己的家乡，带到了孩子们的心里。

因为有他的协调，小鹿三团的成立格外顺利，不同于一团二团的是，三团一开始就有民族乡政府的大力支持。这几个猎民乡居住着很多的鄂温克人，还保留着很多森林民族的独特生活习惯，但经过了禁猎期，年轻一代也正在把传统淡忘，不论是政府还是民间，都需要一个契机来点燃人们心底传承民族文化的热情。乡政府提供排练场地、经费，负责招生，还提供老师住宿，优厚的条件吸引了很多老师，实惠的收费让更多家庭有能力接受，小鹿三团刚成立，就有 19 个孩子报名，远比一团二团时多。

小鹿三团的节目，都源自一团二团的成熟经验，这些源于森林中的生活场景，在当地的猎民生活中真实存在着，是“活”的艺术，必然受到欢迎。有趣的是，这里虽然有生活，却没有了语言，孩子们会说鄂温克语的很少，他们想知道唱的歌词是在说什么，纷纷表示要学习鄂温克语言，于是，当地政府顺势开办了鄂温克语言文化培训班，满足了孩子们的需求。

小鹿三团依旧保持着公益的色彩，支持很多文化教育活动的开展。让大家惊喜的是，偶尔还会接到一些“商演”的邀请。在乌日乌特看来，这是鄂温克文化慢慢从学者层面的小众概念，开始走近大众生活的标志。文化资本慢慢聚集，带来了更多社会资本，有一定社会影响力之后，各界的关注又继续促进文化的发展，这是很理想的发展模式。孩子们在年轻的时候积累起来的自信，会伴随他们一生。

从地区性的“五彩传说”儿童合唱团，到民族性的小鹿艺术团，乌日娜关注民族文化，也热爱家乡。她以艺术的方式切入，也带动了更多圈外人的行动。当地人的主动性被激发出来，才是有生命力的创新。

许慎在《说文解字》中解释，“教，上所施，下所效也”；“育，养子使作善也”。西方普遍认可“教育”一词来源于拉丁语，意思是“引出”。乌日娜所做的事情，正是引导出人们心中的美和善。

也许用另一个关于教育的诗意的说法来描述乌日娜的行动更为合适，“一棵树摇动一棵树，一朵云推动一朵云，一个灵魂唤醒另一个灵魂”。

（四）深耕：帮助学生成为更好的自己

为音乐好苗子“奔波”

乌日娜是个精力充沛的人，也许人们很难相信，她所做的这么多工作，都是在业余时间完成的。她目前是中央民族大学的副教授、硕士研究生导师。从1988年留校任教以来，一直恪守着声乐教师的职责，从来没有耽误给学生们上课。最忙的时候，都是周五晚上飞到海拉尔，周六、周日指导各种排练，周日晚上再赶回北京。讲台，见证了乌日娜对学生的谆谆指导，也是她教育理念的集中体现。

鄂温克族的琪琪格玛是乌日娜的学生，乌日娜知道她的天赋和水平，就建议她来报考。她担心琪琪格玛在招生考试时可能会有紧张、焦虑的情绪，于是在考试之前，她对琪琪格玛细心叮嘱，给予了她足够的关心，让她对自己充满信心，好好发挥出自己的真实水平。最后，琪琪格玛的表现给考官留下了深刻的印象，被招了进来。

考进来了，琪琪格玛却没有足够的钱交学费。1997 年，1 万元的学费对于普通的人家都是一笔不小的开支，何况还是来自大草原的牧民家庭。布仁帮忙凑了 5000 元，还不够，琪琪格玛没法正式入学参加军训。乌日娜就跑到负责的老师办公室门口，用自己的工资抵押，先让琪琪格玛参加军训，等学费凑齐再补交。

琪琪格玛的爸爸去世得早，妈妈也没钱，爷爷也刚刚过世。当年乌日娜的工资也不高，替她交了学费连自己的生活费也没有，去哪里凑剩下的学费呢？忽然乌日娜想到一个人。当年学校有位院长，曾在鄂温克旗待过两三个月做社会调查，对鄂温克有着深厚感情。于是，乌日娜“动用”平时不便打扰和麻烦的领导。同样“爱才”的院长得知从鄂温克来的琪琪格玛的实际困难，多方联络，帮忙申请到民委的困难学生学费减免。就这样，琪琪格玛顺利进入中央民族大学开始学习。

第二年学费还是那么多，雪上加霜的是 1998 年整个东北发了水灾。乌日娜又开始为琪琪格玛“东奔西走”，跟鄂温克旗民委反映琪琪格玛家庭贫寒的事实。在仔细了解后，民委主动减免了她的学费。作为和乌日娜并无一点亲缘关系的琪琪格玛，对多年来得到的关爱和帮助感激在心。

琪琪格玛没有令大家失望，她在毕业后屡次获奖：全国青年电视歌手大奖赛内蒙古赛区民族唱法一等奖、内蒙古自治区首届长调民族大赛一等奖……她参演的电视剧《满都海斯琴》也获得了第六届中国艺术节大奖。后来又去蒙古国读研深造，获得诸多国际奖项。目前是著名乐队的主唱。如果没有当年乌日娜无微不至的照顾和帮助，琪琪格玛也不会有这么宽阔的发展道路。

做有根的歌唱家

乌日娜的学生中，很多人一开始并不知道自己适合什么样的道路。是乌日娜，帮助他们找到了真正的自己。

出生在阿拉善的莫日根，自幼就擅长长调，是当地乌兰牧骑的专业歌唱演员。被德德玛老师介绍到中央民族大学，跟着乌日娜学习。刚见面的时候，乌日娜让她唱一首歌，莫日根脱口而出："大海啊，故乡……"乌日娜说："孩子，你得唱内蒙古的歌啊，大海不是你的故乡，你到哪里去唱呢……"从此开始了对莫日根的引导。她挑选适合莫日根的蒙古族歌曲，让她回去之后和自己的妈妈好好学习。她的妈妈是特别棒的长调歌手，但莫日根从不认为能从妈妈那里学到东西。乌日娜要求她一定先要学会家乡的长调，然后才能更好地吸收其他的。此后，莫日根的演唱风格逐渐形成。外界评价她的浑厚音色是"来自苍天的声音"。

莫日根有两个要好的同学，三个人经常在一起玩。乌日娜发现，这三个女孩子高挑又漂亮，唱起歌来又特别好听，就提议她们成立一个女子组合，名字就叫"诺恩吉娅"，取自内蒙古有名的叙事民歌。这是全国第一个内蒙古女子组合，她们外形靓丽、嗓音优美、唱跳结合，融合了传统的草原音乐和现代的都市音乐，形成了自己独特的风格，受到很多人的喜爱。

“做有根的歌唱家”是乌日娜教育学生的核心。声乐技巧固然重要，但首先要明确你从哪里来，要把自己家乡的文化了解清楚，才能把根扎得更深。没有自己的东西，别人的东西学也学不会，永远都是飘在空中。所以学生跟着乌日娜学习，首要的事情就是去了解自己的家乡和民族文化。

后来被誉为“蒙古之花”的乌兰图雅刚找到乌日娜的时候，唱的是一首土家族的民歌《山里的女人喊太阳》，乌日娜又是一番精心引导。乌兰图雅生于科尔沁草原，对自己的民族文化不是特别了解，也不会讲蒙古语。但外形清秀苗条，个性活泼，乌日娜帮她逐渐找到了定位——欢快、流行、有节奏感。乌兰图雅记住了，凭借一首《套马杆》红遍大江南北，后来陆续出了好几张个人专辑。这也印证了乌日娜的理念，把自己了解得透透的，才会把自己挖掘得更好，把自己做得更好。

挖掘最好的自己

很多少数民族的学生生性含蓄内敛，加上年轻经验不足，不太敢参加一些公开的比赛。乌日娜觉得比赛是一个特别好的锻炼的机会，只有去尝试，才能发现自己真正的水平如何，同时找到提升的空间。所以她一直鼓励学生们给自己一些挑战。

2013 年考入中央民族大学音乐学院的王馨是侗族，她聪敏、勤奋、天分高，乌日娜一直看好她，劝她去参加中央电视台音乐频道播出的“争奇斗艳——少数民族冠军歌手争霸赛”。

王馨一直犹豫，总觉得自己不行。乌日娜安慰她："你才是个学生，淘汰也没关系。但是你不去试试，怎么知道到底行不行呢？"坚持让王馨去参赛，一路帮她准备曲目，陪着她排练，经过报名、海选，最终在每个民族10名歌手的冠军争霸赛中胜出，获得2014年"侗族歌王"称号。2016年9月，王馨又获得了《寻找刘三姐》第三季冠军。因为乌日娜的鼓励，她的才华和能力更早地被世人所认识。

另外一个鄂温克族学生修一，2015年夏天刚好完成在湖南怀化为期一年的支教，一直也没唱歌。乌日娜让他参加当年的"争奇斗艳"，他说自己没有状态。乌日娜劝他："状态也许唱着唱着就有了，谁知道什么时候状态最好呢？"当时的修一，没有服装、没有歌曲、没有伴奏，甚至连路费都没有。乌日娜很坚定："我会让这些没有全都变成有！"后来她就把布仁的袍子、坎肩给修一凑了凑，又是准备伴奏，又是选歌、排练。修一的状态恢复得特别快，加上本身的音色和唱功都很好，一举夺得了2015年冠军，获得了"鄂温克歌王"的称号。

乌日娜的学生遍布大江南北，来自各地不同民族，有在民族音乐领域中取得成就的优秀音乐人，也有继续传道授业的教育工作者。很多学生亲切地称呼乌日娜为"吉祥妈妈"。她的学生在答谢信上这样阐述："在每一个人心中都有让自己一生尊重、敬仰和无法忘怀的人，除了父母之外，我想就是让我们人生有了很大的转折，实现了自己人生目标的老师——乌日娜。乌日娜是我们的老师，也是我们的妈妈，而且还是我们最好的朋友。她关爱学生，全身心地投入到教学事业和学生音乐素质的培养之中，用自己最纯粹的关怀去引导每一名学生。”

乌日娜用智慧和温暖，引领学生走向更好的人生旅程。对于老师而言，没有什么比学生的深情感谢更重要的了。

张娟　北京天下溪教育咨询中心

六

乡土教材让阿坝的学生有了根

天下溪

2015 年 3 月 28 日，四川省阿坝州茂县凤仪镇小学，一班穿着羌服的孩子跟着余晓蓉老师的朗诵在教室前的空地上表演。女孩子们戴着树枝样的头冠，怀里抱着小羊；男孩子穿着羊皮背心，系着草绳，挑着担子。他们时而像遇到了暴风雪，聚成一团；时而像遭遇了强大的敌人，挥舞着树枝左冲右突。最后，孩子们一起唱起来，手持鲜花，一会儿像在驱赶羊群，一会儿像在耕作土地，一会儿又像在修建碉房。然后，羌红飘起来了，绣着羊角花的头帕舞起来了，云云鞋飞起来了。我们看明白了：这是一群迁徙的人们，经过艰苦的努力，来到了自己的家园，开始了新生活。音乐、朗诵、孩子们的表演，扣动了所有人的心弦。

这是茂县凤仪镇小学四年级的羌族乡土教材《沃布基的故事》中《云朵上的家园》课程的示范课。这一课表现的是有“云朵上的民族”之称的羌族的迁徙历史，余老师带着她的学生们把这段历史表现得活灵活现。

接下来的是同样生动的示范课《羊角花的故事》——天神用羊角花使羌族人建立伦理秩序的古老民间故事。羊角花，就是杜鹃花，它是羌族人心目中最美丽的花。还有《穿在身上的风景——羌族服饰》《我们的碉房》和羌族民歌《母格得特》（一首迎接远方客人的原生态民歌）。这一课课，学生成了课堂的主角，展示了羌族的丰富文化：为适应自然环境和劳作需要，为表达情感并满足审美需求而逐渐形成的各种式样的美丽羌族服饰；因地制宜的壮丽民居——碉房；羌族最具特色最明朗的羌歌；还有羌族人的历史，羌族人和自然环境相互融合的生活……上课的羌族孩子们，也由此开始明了并永远铭记自己何以是个羌族人了吧！

那一天，王小平坐在台下，眼睛始终湿润着——天下溪十几年来不懈地推动编写乡土教材和乡土文化教育进课堂活动，终于开花结果，羌族的孩子们，阿坝的孩子们，有了自己的乡土教材，他们开启了自己的学习历程，也开始认识自己，开始成长起来了。

◎ 湖南湘西州凤凰县三拱桥小学的乡土教材课——唱苗歌“嘀格调”

北京天下溪教育咨询中心的编写和推广乡土教材的项目是从2005年开始的。这个项目的目的，是要使乡土文化作为一门课程，在课堂上得到传承，让所有的孩子都能了解自己的家乡，了解自己家乡的文化，进而了解自己。天下溪人觉得，目前的学校教育，使得孩子们在进了学校以后，就再也接触不到自己家乡的生活了，他们完全不了解家乡，不了解自己，更不了解生活。尤其对于乡村学校的孩子来说，他们日复一日全力以赴学习的，全部都是来自远方的知识，和自己的生活几乎没有关联。在基础教育阶段，他们不断被要求学习他人，他的目标和榜样都是远方的他人。慢慢地，他们逐渐丧失了自己，成了无根的人，成了没有自信的人。

乡土教材是使学生们回归自我的学习，是使学生们在建立文化自觉的基础上，实现文化自信的重要途径。天下溪的核心理念，是关注学生成长，而从文化自觉到文化自信的成长，是根本的成长。因此，乡土教材项目是天下溪的核心项目之一。

十几年来，这个项目陆续得到了乐施会、赛门铁克、阿尔卡特朗讯基金会和郭氏基金会的支持，稳扎稳打，在一个又一个项目地，和当地教育局或学校合作，编写出版了云南拉市乡纳西族和彝族、湖南湘西州土家族和苗族，以及四川阿坝州羌族、嘉绒藏族和安多藏族等区域的小学乡土教材——《我爱拉市海》、《美丽的湘西我的家》、《湘西乡土教材教师读本》、《沃布基的故事》（阿坝州羌族地区小学）、《夏嘉莫察瓦绒的小洛让的故事》（阿坝州嘉绒藏族地区小学）、《我的草原我的家》（阿坝州安多藏族地区）、羌族中学教材《云上的家园》，还有羌族

◎乡土教材

教材和嘉绒藏族教材的教师参考书。让这些地方的文化逐渐走进了课堂。

（一）以好看、好玩、亲切的课本传承祖先智慧

2005 年，已经退休 3 年的王小平，因做捐赠图书馆项目结识了天下溪。那时天下溪已经有了 3 年的历史，虽然仍是幼年，但在公益机构的自然教育领域已经有了一定影响力，吸引了一批有科学精神、有创新能力的青年教师作为核心力量，在全国从北到南的鹤迁徙路线上的湿地里做自然环保教育。她们不仅很好地领会了新课程改革的理念和方法，而且还善于学习和创

新，研发了不少有趣有效、真正以学生为主的教学方法。刚接触到天下溪的王小平，觉得她们倡导的理念和方法新鲜而有吸引力。

天下溪的这些自然教育工作者在各个湿地从事自然教育的时候，敏锐地发现每个地方的乡土文化都保护了当地环境。直觉告诉她们，乡土文化是地方发展的重要力量，也是环境保护的重要力量。于是，她们提出了编写乡土教材、推广乡土文化教育的设想。

这个设想的开始实施是在2005年，公益机构绿色流域和农村教育促进会两家要联合天下溪一起在拉市海编写乡土教材，天下溪兴冲冲地担当起这个任务的主要执行人。因为当时天下溪的人手紧张，退休编辑王小平就被拉过来帮忙。

这次参与编写对于王小平来说主要是学习，学习教育理念和教育方法。当了一辈子编辑的王小平，自认为在教育领域是一个十足的外行。那时，天下溪那几位兼职的年轻老师都是她的专家级别的指导。比如朝阳区少年科技馆的韩静、三十九中的生物老师兔子，还有后来到美国去读生物学博士的杨红雁，在她眼里都是“一代高人”。她们眼界开阔，思维活跃，语言生动，知识丰富，谈起新课程改革来，每个人都很有自己的主张和想法。和她们在一起的日子里，教育部的政策、各地新鲜的课程改革经验逐渐成了王小平熟悉的话语，原本模糊不清的教材的形式和内容，课程的设计和开展，也逐渐明晰起来了。

拉市海的教材是天下溪乡土教材的试水之作。王小平在这部教材的编写过程中逐渐进入角色，从一个资深老编辑，转行成为乡土教材的主编，等到了2006年在湘西实施项目时，她成了乡土教材项目的担纲者。

教材的编写，教学目标一定是先行的。

乡土教材是以乡土文化为教育资源的教材，它的教学目标是什么，基本理念是什么，如何构建乡土教材的框架，使之系统全面地展示一个地方的乡土文化，并使乡土文化课程成为学生们喜爱的课程，这对于王小平来说，是一个需要学习和创新的课题。

在编写湘西乡土教材的时候，她邀请了著名摄影评论家、编辑人李媚加盟，两个人一起深入地探讨了乡土教材的内涵和目标。她清楚地记得，在当时东安市场的一间咖啡厅里，她们两人讨论了一整天，终于达成了共识：乡土教材应该传承的是先祖的生活智慧，而这些智慧，是他们在本地的自然生态环境和本地社群的历史沿革下逐渐积淀下来的。因此这些智慧具有地方特色，也就是我们常说的一方水土养一方人。而这些智慧包括适应本地自然生态环境的生活方式、生计方式、各种文化符号和当地的非物质文化遗产。这样一来，结构和内容都清晰起来了。

天下溪的乡土教材是好看的、好玩的、亲切的、图文并茂的教科书。

它好看，是因为所有的课文都是有趣的生活小故事。

教材里会有和学生的身份、经历、思维相当的一个或几个孩子，他们就像是同学们形影不离的好朋友。教材以这些人物为主人翁，通过对生活的观察，在孩子们习以为常、熟视无睹的生活中认识家乡，感悟生活，发现智慧和美好。课文就是通过这些观察和发现，形成的一个个语言平实、言之有物的生活小故事。这些故事亲切易懂，信息量大，大人和孩子都喜欢。

不仅故事好看，每个页面也都是好看的。精心的版式设计、贴切的插图，每本教材都赏心悦目。图片都是优秀的摄影作品和美术作品，摄影家陈锦、刘世昭、王再、周耀武、曾晓鸿，著名画家张志忠，青年画家张更、陶波等人都无私地为教材提供了自己的作品。张更和陶波的两套连环画《阿米格尔东和藏历新年的故事》和《吐蕃赞姆》使教材更丰富，被孩子们喜爱。教材里也有孩子们自己画的插图，孩子们的画作虽然显得有点稚拙，却为教材带来了浓厚的生活气息，使教材的版面显得更活泼，拉近了教材与学生间的距离。每种教材发到孩子们手里时，他们都又惊又喜、爱不释手。又惊又喜，是因为他们可能在教材里看到自己家的房子、邻居的小孩、隔壁的奶奶，或者书上就有他自己。在课本里遇见自己的熟人熟物，对于这些身处偏远的孩子来讲有多亲切啊！

教材充满趣味，每一课提出的问题都可以引发学生无穷无尽的想象，触发孩子们思索的灵感，让他们体会到原来平常而平淡的生活竟然是这么有意思，这么有道理，这么有智慧啊。

教材还好玩，教材里有很多游戏，可以让孩子们尽情徜徉。以游戏、活动、戏剧的方式传递乡土知识，是天下溪乡土教材的一大特色。

天下溪希望乡土教材能成为孩子们心灵的朋友，所以它必须是好看的、好玩的、有趣的、亲切的。

（二）乡土教材如何走进课堂

2009年6月，在云南拉市海和湘西州做了4年乡土教材项目的天下溪团队决定到四川省阿坝州茂县开发新的项目。项目负责人王小平和助手刘林到茂县去时，乘坐的是2008年汶川地震之后从成都到茂县开通的第一班长途汽车。客车刚过都江堰，映入眼帘的便是满目疮痍：垮塌的山体倾泻着流沙，被巨石砸毁的房屋，扭曲得不成样子的车辆，停停走走拥堵不堪的路面，叫人感觉灾祸似乎还在路边张开血盆大口对着人们虎视眈眈。此时羌区的灾后重建工作正在紧张地进行中。天下溪到茂县去，是要在震灾之后的百废待兴中，参与灾区的复兴工作——文化复兴。与茂县教育局合作，编写羌族的乡土教材，让即将被湮灭的羌族文化走进学生课堂，成为他们必须学习的一门课程，让课堂成为传承乡土文化的一个载体。

羌族是中国最古老的民族，也是一个在历史上不断被摧毁而又不断重生的民族。从西北边地迁徙到川西的羌族，世世代代封闭地生活在高半山上，孕育了丰富多彩而又具有鲜明个性的羌族文化。灾后重建，让羌族文化重生，也让羌族文化成为这个地区持续发展的内在力量。

那一天，路况极差，一老一小在长途汽车上颠簸了大约7个小时才到达茂县县城。他们在茂县待了10天，短暂而又漫长的10天里，她们经历了持续3天的酒店停电，上下楼要爬楼梯；水泵停了，楼上没有水可供洗漱，她们还要把矿泉水搬到房间里，解决水源问题。在这10天里，还经受断断续续的余震，有一天清早的余震，竟然把小巧的刘林震到了床脚下。不过，余震经历得多了也就见惯不惊了，后来根本没有人因为余震跑出房间，大家该睡觉的睡觉，该喝酒的喝酒，灾后重建平静地继续着。这 10 天里，道路经常断交，去教育局或县城里其他地方，就老是要找不同的道路。

不过，10 天的努力还是很有成果的——终于和茂县教育局确定了合作关系，共同编写一部包含羌族文化、羌语教学的乡土教材，天下溪负责组织文化部分的作者联络和写作跟进，茂县教育局负责羌语教学部分的写作和今后进入课堂的组织工作。

茂县是中国最大的羌族聚居区，也是羌族文化最深厚的蕴藏地，人才济济。在当地 NGO 伙伴的帮助下，她们结识了一大批羌族情怀深厚的文化人：羌笛传承人何王全、羌语专家陈维康、释比研究者王树德、羌族文化专家杨成立等。这些羌族的知识分子对自己的文化如数家珍，提到羌族文化的衰落痛心疾首，听说要编写羌族乡土文化教材高兴得像要过节。他们成了天下溪在茂县编写乡土教材的中坚力量。在他们的帮助下，天下溪工作团队在当地做了初步的文化调查，在黑虎乡黑虎寨、三龙乡合心坝，她们进入了传说中的神奇碉楼，还惊奇地发现了屋顶上的祭祀台——白石堆；她们知道了黑虎乡为纪念自己的英雄黑虎将军戴万年孝的习俗，也亲眼见到了黑虎寨的妇女身穿羌服头包白帕的身姿；岷江边上牛尾巴村老书记董大爷吼出的多声部羌歌震撼得王小平泪水夺眶而出；两河口妇女们放情的萨朗使脚步笨拙的外来者也跃跃欲试；松坪沟岩窝年过半百的杨秀芳（羌名雅基别）极具生命力的羌舞把自认为见多识

◎ 两河口乡的萨朗

广的王小平看得目瞪口呆；还有羌族人家漂亮的手织布、美味的土豆粑粑、清亮亮的开坛的第一吸咂酒、芳香宜人的花椒树、甘甜爽口的青翠李都给了王小平她们深刻的印象。她们也恶补式地阅读了大量与羌族相关的书籍：《氐羌源流史》《羌族简史》《羌地游览》《羌在藏汉之间》《寻羌》《羌族民间故事》……蕴藏于羌族民众血脉之中的丰富多彩、鲜活奔放的羌族文化，让王小平感叹折服。

与此同时，羌族乡土教材的结构和提纲基本成形了。王小平在这 10 天里设计出了羌族乡土教材的编写大纲。这本教材的使用对象是羌族地区小学四年级学生。

天下溪人认为自己的工作原则是雪中送炭，而不是锦上添花。所以一般她们选择的项目地都相对偏远，大多是少数民族地区。这些地方的教育程度相对较低，三年级以下的儿童接受能力较为欠缺；而六年级以后，学生的负担会随着小升初逐渐加重，学习时间太紧，故四年级加入乡土教材课最为合适。

编写大纲规定了这本羌族乡土教材的教学目标、课程设置的原则、写作内容、呈现方式，确立了基本框架并规定了每一课的内容及具体写作要求。作者需要做的就是按大纲的要求撰写一个个命题作文。大纲表明，本教材运用现代教育理念和认识视角，呈现羌族文化中代表祖先生活智慧和民族精神，且能为四、五年级小学生接受的民族民间文化现象和传统。教材中设计了一个10岁的羌族小男孩沃布基作为全书的主导人物，通过以他为主角的一个个生活故事，展现了羌族地区的自然生态环境、悠久的历史、当地人民的生活生产方式，以及代表当地文化精神的节日和文化符号。教材还设计了关于羌族文化的阅读材料和便于学生参与的游戏和活动。童趣、互动、生活化以及图文并茂是这本教材呈现形式的一个重要特色。

这个大纲得到了茂县教育局的欣赏和认可。当时，主持这项工作的副局长正痛风在家，他半卧在沙发上读着这份提纲，读着读着，他忽然坐了起来，放下提纲，激动地说："王老师，我们合作！这个提纲太好了，这个思路是我们搞不出来的，我们就要这样的教材。"合作的条件是教材中一定要有羌语教学的内容，因为从新中国成立以来，羌族的精英们一直都在痛惜羌语的衰落。现在，县城里40岁以下的人基本都不会说羌语了。一个民族失去了自己的语言，就是彻底失去了自己精神的根基。他们决心扭转这种现象，要在新一代中普及羌语。在人们的印象中，羌语是只有语言没有文字的。在羌族古老的传说中，有关于古羌文被羊吃掉的传说，所以羌区传统的民间知识分子——释比们，在诵经时要不遗余力地敲打羊皮鼓，意为使羊把吃掉的文字吐出来。1992年，为了保护羌族文化，中央民委组织社科院民族所的专家和羌族地区的知识分子一起，创制了新羌文，并在那之后培养出了一批羌语教师。现在这批教师都已经是各个学校的骨干力量，他们渴望能开设羌语课，把羌族自己的语言传承下去。这个条件与天下溪的目标不谋而合，双方旋即决定，立即由州教育局和天下溪共同成立乡土教材编写领导小组和编委会，双方分别负责羌语教学部分和文化部分的编写。2009年6月底，教材编写正式开始。

教材文化部分初稿的作者都来自当地文化界，最后由光明小学教师坤吉定和八一中学教师何江两人完成终稿。教材三易其稿，每一稿都组织一次范围广泛的讨论会审定稿件，当地各项非物质文化遗产传承人都被请来参加讨论。参加稿件审定的人恪尽职守，他们弘扬和捍卫自己文化的决心溢于言表，所以常常有非常戏剧化的场面。

在第二稿审稿会时，讨论到第四课《我和阿达去耕地》那篇稿件。按程序，作者先朗读了自己的稿件，在王小平看来，那篇稿子不论是文字表述，还是选材构思，都很不错。不料，作者话音没落，好几个人就举手要求发言，他们的手刚举过头顶，意见已经出口了。几位老同志争先恐后地说："这里有的描写不对！不对！我们羌族人耕地很少吆喝牛，我们是唱牛歌的。我们用牛歌指挥牦牛干活，牛听着我们的歌向前走，拐弯，向后转。"啊？牛歌，这是什么样的歌呢？大家正疑惑着，茂县文工团的歌唱家何王全已经站起来唱了，那歌声抑扬顿挫，婉转豪放，似乎立即把人们带到了那空旷而又美丽的田野上。何王全边唱，陈维康就边解释，这是让牛向前走，这是让牛拐弯，这是让牛调头……啊，真是陶醉了，羌族人是生活在歌乐中，生活在云朵之上啊。羌族人的文化传统也在大家的讨论中一点点显现出来。这些细节的推敲使每一次讨论会都变成了一次羌族文化展示，来参加讨论的人不仅带来道具，例如羌笛、羌服、羊皮鼓，还带来意见，带来热情。人们那些浓浓的文化自觉带来的是写作的严谨考究、一丝不苟和千方百计的高标准、严要求。

年底，稿件完成了。几个学校的学生还创作了一些日常生活绘画作品，四川省摄影家协会副主席陈锦也给项目组提供了大量照片，风景、人物、碉房、歌舞样样都有。2010 年 4 月，四色印刷图文并茂的羌族小学四年级的乡土文化教材在四川美

◎ 稿件讨论会上羌笛传承人何王全给大家表演羌笛演奏

术出版社的大力支持下出版了，封面就是茂县东风本田励志学校五年级学生王旭琴画的春耕图。茂县的人见到了教材的实物，都很惊讶，他们没想到自己家乡的东西能出成这么漂亮的图书，尤其是还有羌文课文在里面。他们说，这是有史以来第一部有羌文的出版物，弥足珍贵。

《沃布基的故事》共16课，12篇课文，4篇阅读课。目录如下：

第一课　羌山岷水我的家园

第二课　云朵上的民族

第三课　给阿都祝寿

活动课：民间故事——羊角花的来历

第四课　我和阿达去耕地

第五课　我们的碉房

第六课　喝咂酒

活动课：说童谣

第七课　欢乐的瓦尔俄足

第八课　转山会

第九课　尔玛吉——羌历年

活动课：唱羌歌跳萨朗

第十课　绚丽多彩的羌绣

第十一课　穿在身上的风景——羌族服饰

第十二课　沃布基的出行计划

活动课：班级展览会

2010年5月，天下溪在茂县召开了教材发布会，茂县、汶川、理县、松潘的老师们都来参加。那一天，茂县九顶山酒店里喜气洋洋，穿着节日盛装的师生像迎接自己的亲人一样接受了天下溪赠送的乡土教材《沃布基的故事》。两天的会议，除了讲述教材的理念和使用方法外，天下溪还为参会的全体人员做了教材中一些游戏的培训，羌族迁徙历史、生计调查、风土人情常识等，都可以在这些游戏中展现出来。教育局局长、教育局工作人员、校长、教师、学生都热情地参与到活动中，老师们一边做游戏，一边说："这个活动搞得太好了！总说新课程改革，到底怎样做才是新课程改革，这次参加了天下溪的这些活动，我们才有点摸门儿。以后这样的活动多搞一些吧！让我们的乡村教师开阔一些眼界。"最后，州教育局要求各校成立乡土教材教学团队，把乡土教材课排进课表，保证每周至少有一节课，并安排教师间教学交流。这个要求会后又以州教育局文件的形式下发到了各县各校。

◎羌族学生拿到了乡土教材

（三）天下溪乡土教材的原则、内容与形式

天下溪的乡土教材贯穿着两条基本原则：一条是乡土文化的传承，另一条是新课程改革理念和方法的推广和应用。因此，天下溪的教材得到了教育界和文化界的充分肯定。

天下溪的工作团队明确了乡土文化的定义。她们把乡土文化界定为：在一定的自然生态环境和本社区的历史发展中积淀下来的人文智慧和文化精神。这些智慧和精神应该是活着的，有生命力的，能促进社会进步和人类发展的，是正能量的。

而对于乡土教材本身，她们有一个刚性原则：教材绝对不是死的乡土知识汇编，而是有灵魂的。它承担着引导学生发现家乡，发现先祖生活智慧和人文精神的职责，是孩子们融入家乡文化的引路人。并且它应该是亲切有趣的，符合孩子天性的，因此应该图文并茂、深入浅出、形式活泼并融入孩子们的生活之中。同时，这部教材应该倡导新的学习方法——以学生为主体的、参与互动式的学习，也就是要体现出新课程改革的理念和方法。

乡土教材有三个层次的教学目标：1. 知识和技能的目标——让学生掌握本地生活常识和技能；2. 成长目标——让学生在学习过程中提高学习能力和生活能力，得到成长；3. 情感态度价值观目标——建立认识家乡的理念，培养热爱家乡、热爱生活的情感。

在孩子们司空见惯的生活中提炼出生活智慧和文化精神，这是乡土教材呈现方式的思路。因此在课文设计时，天下溪强

调，每一篇课文都必须是学生熟悉的日常生活场景。它的出发点是：一方水土养一方人；我们的历史就是我们民族的历史，我们的文化和我们的民族精神就蕴含在我们的日常生活中；展现我们的日常生活，发现并掌握民族智慧和民族精神，是使人成长和确立自己独有的情感、态度、价值观的过程。这其中体现以下几个原则：

1. 乡土文化的学习，是在生活中学习，再去指导生活。

2. 乡土文化的学习是以学生为主体的学习，让学生自己发现生活中的文化。

3. 乡土文化学习的目标，是使学生在本民族的智慧和民族精神滋养下成长，成为一个有自信的、有能力的、会生活的人。

4. 乡土文化学习是活的学习和在活动中的学习。教材设计了很多不同形式的、学生参与性很强的活动，让学生在玩中学，在活动中学。

每部教材包括本地乡土文化的基本构成——地域和历史，生产与生活方式，文化遗产：手艺、服饰、民俗、艺术、节庆、自然以及发展与变化等。其中，我们选取那些日常生活即可体现的、与本地自然生态环境和历史相关的、有特色的、智慧的、有生命力并利于今后发展的内容。

所有的这一切，是通过课文故事和活动体现和完成的。

课文就是讲故事。故事内容是孩子们应该熟悉但从没注意过的日常生活的情节和事件。孩子们透过这些故事看家乡，看生活，看人生，看世界，从而深刻地认知我是谁，我从哪儿来，我和谁在一起，我怎样生活，我为什么这样生活，我们的生活发生了怎样的变化，我们如何认识和对待这些变化。同时在认识家乡的过程中找到自我，启动文化自觉，建立文化自信。

天下溪把这类故事命名为强调关系的叙事，它强调日常生活中体现出的关系：一是我们的生活方式与我们的自然生态环境及我们的历史的关系；二是我与他人（家人、亲友、社会、世界）的关系；三是今天与过去和未来的关系。这些关系中蕴含着智慧、伦理和民族精神，这些关系就是文化，是价值观的基础。在理解和认同这些关系的过程中，学生即可确立情感、态度和价值观。

不同地区由于自然生态环境的不同，生活方式也不同。以民居为例，在湘西的教材里介绍了吊脚楼如何适应了当地“天无三日晴，地无三尺平”，人们在河岸或山脚下建筑了吊脚楼形式的民居，是为了搭建出有平面的房屋。人们就地取材，利用当地出产的木材和桐油做建筑材料，建成防潮、防虫、防野兽进入的建在地面之上的房屋。而羌区所住的碉楼则就地取材，用黄泥和石块建成挡风御寒兼具防守作用的碉楼。关于食物、服装等的介绍也是以这样的思路展开的。他们在教材里讲故事，讲本地的生活故事，课文有趣耐读，再加上大量配图，版面生动活泼，不仅学生爱看，家长们也读得津津有味。

湖南省教科院在对湘西州的教材《美丽的湘西我的家》做第三方评审时，有家长向他们反映：“我们从小在这里上学长大，但对于自己本民族的文化知道得很少。小时候做学生也读课文，但我们很少知道自己家乡的风土人情。小家伙回家拿给我看他们学的这本书时，我发现自己对于自己民族的文化真的知之甚少，他们下一代学习这些，我们做家长的很高兴，也很自豪。我也喜欢读这本书，可以跟着他们了解一点自己民族的文化。”在湘西，在茂县，在马尔康，这些教材都成了文化礼品，不断被来访的外地朋友带走。

在课文之外，天下溪还设计了很多活动课，这也是教材的又一个重要特色。活动有调查、游戏、表演、团体绘画、手工、行动设计、生活仪式模拟等。学生最大限度地参与到活动中去，完成一个自我学习的过程。这些活动可以培养学生综合学习能力、团队合作能力、继承和选择的能力、行动的能力，以及最重要的生活能力。

其中，比较有代表性的活动是村寨图和家族树。村寨图让学生画出自己村庄的文化地图。这需要学生观察自己村寨的路径、地形和各种建筑及其他地上物的位置，并选择出自己村寨中自己最喜欢的或和自己关系最密切的一些景观画在地图里。这个活动培养学生的观察力和发现力，以及学生的选择能力和表达能力。画出村寨图后，学生们会觉得原来因熟悉而被忽视的村寨竟然有这么多值得记忆的东西，那种亲切感会油然而生。家族树让学生对自己家族历史进行调查和展示。通过画出自家三代以上的树枝图，标明每位家庭成员的姓名、年龄、特点、家庭关系等，学生得以了解自己的家庭，加深对家庭的感情，同时还学会了抓取人的个性特点。比如奶奶，平常自己就认为她是一个普通的老太太，她会有什么特点呢？她做饭特别好吃，绣花手艺好，和邻居关系好，扫地也扫得非常干净，这都是她的特点呀。这样引导学生掌握认识他人的方法，整个活动过程也成为增进与家长沟通交流的难得机会。活动中还有一些生计调查和家乡面貌调查等，我们希望学生能够关注变化，并学会判断变化的好坏和原因。

同时，所有小学教材中都有童谣课程。天下溪认为童谣是民间生活的典型表达，也是亲近母语、建立家乡感情、增进童年记忆的载体。在湘西花垣二小的观摩课上，老师发动学生在家采风，课文里的一个歌谣就搜集到了 17 个版本。学生们在课上一会儿用方言说歌谣，一会儿用普通话说歌谣，歌谣里那些朴素的价值观和风趣的民间往事更深刻地流淌在学生们心中。

（四）乡土文化教育促进教师教学改革，提高学生学习积极性

乡土教材课把家乡文化作为一种新的教育资源引进课堂，它的目标是建立情感，提升能力，增强自信，做有根的人。建立情感，指的是建立对家乡的情感，也是对自己的情感，更好地认识自己；能力，是在生活中提升学习和探究的能力，以及自我提升的能力。认识自己、了解自己、继承先祖智慧，建立文化自觉，就会自然而然地建立起充足的自信心。

这样的一门课需要颠覆传统的上课方法。天下溪对老师们进行了多次培训，深入讨论什么才是以学生为主的学习，什么才是启发式、互动式和参与式的学习。老师们分享了游戏、戏剧、调查、生活模拟等让学生自主学习的方法。教师的积极性也逐渐高涨起来。比如，凤仪镇学校的余晓蓉、雍大娥，黑虎小学的王明月和王茂芳等老师，都成了积极的教研骨干，设计

出了让学生积极参与的课程。前文所述的课程设计就是他们自己研发出来的。

生活是学生最好的教科书。一旦让学生进入自己的生活学习，学生们的热情和探索精神会骤然迸发出来。2015年羌区各校组织了一个乡土教材评课展，各个学校带来的别开生面的教学方式生动活泼。原来课堂上安静沉闷的学生，变成了活跃分子，所有问题的讨论，都有林立的手臂在老师面前高高举起。即使面对陌生老师，他们也反应迅速，参与积极，得到老师的广泛好评与由衷感叹。2017年教师节，在阿坝州党委、州政府召开的表彰优秀教师大会上，3个编写乡土教材的团体和6名乡土教材课的教师得到嘉奖。2017年，3位阿坝州的乡村教师因乡土教材课的推广和研发被评选为桂馨基金会的优秀乡村教师。

（五）乡土教材的文化功能与教育功能

乡土教材基本功能当然是让乡土文化作为一门课程走进课堂，但是，它更重要的功能是文化向导。好的乡土教材应该不仅是一个知识的载体，还应该是教学中的向导。天下溪的乡土教材信息量很大，但是，它却并不仅是为了传递这些知识而生的，它的使命是要把学生带进家乡去，进入他们的身边世界，发现先祖的生活智慧和人文精神，再进而了解家乡，热爱家乡，发展家乡。它是孩子们进入家乡文化这个领地的引路人。它告诉孩子们在家乡应该怎么看和看什么，它要使孩子们有一双能够发现家乡的眼睛和一颗认识家乡的心。它也告诉孩子们所有的家乡文化都在我们的生活里。教材中的每一课，都只是为我们对乡土文化的学习指引了一个方向，而不是提供了乡土文化知识本身。乡土教材的每一篇课文，都只是为孩子们认识乡土文化打开的一扇窗子，希望老师指导孩子通过这扇窗子看到自己的家乡、自己的村寨。自己家乡、自己村寨的乡土文化，不是在这篇课文里，而应该在同学们的眼里和心里。

天下溪的乡土教材不是乡土知识的载体，它只是一个向导，它启发和引领学生们看见自己家乡、学会认识自己家乡，让学生们在对家乡的课堂学习和在生活中学习的过程中，自学、自知、自信、自强、自立。

王小平认为，教育的主要目的是使人成长，而人成长的标志是具有自我完善的能力。自我完善的起点则是认识“我自己”。天下溪编写乡土教材就是要为这种回到本原的教育探索出一种可以操作的方法。

王小平说，编写乡土教材，是要引导学生进入认识“我自己”的自我学习过程，这个学习的内容是一系列的家乡生活常识，是足以说明“我”是谁的一系列生活经历和经验。相信学生在这个学习过程中会体会到自由学习的快乐；不断充实起来的心灵，也会使学生增强自信，并产生自强的力量和勇气；在家乡文化的滋养下完成情感、态度、价值观的建立，成为一个自知、自信、自强、自立，能够自我发展的有根的人。

让我们一起读一课乡土教材吧——

嘉绒藏族教材《夏嘉莫察瓦绒的小洛让的故事》

第二课:《洛让家的房名》　　作者:曾晓鸿

课文

一大早，洛让和爷爷就把牦牛群赶上了山坡。

爷爷六十岁了，放了一辈子的牛。牧场上有一间小木屋，爷爷就住在那里。

今年暑假，家务事不多，阿妈要洛让去山上和爷爷做伴。

牛群在山坡上慢慢散开。洛让和爷爷坐在绸缎般柔软的阳光里，享受着太阳温柔的抚摸。

坐在山坡上放眼远眺，可以望见天边的四姑娘山，低头俯瞰，可以看见山下的村子。袅袅的炊烟从各户升起，然后聚在村子上空，仿佛一片飘浮的祥云。

洛让望见自己的房子和邻居“锦修部”的房子小得像两只火柴盒。两家的炊烟相互交织，就像两只紧挽着的手臂。

“锦修部”是新房子的意思，可自己家的房名“琼茹”又是什么意思呢？生性好奇的洛让突然冒出了这个问题。

“爷爷，我们家的房名是什么意思？”

“我就知道今天你又要把我问得死去活来。”爷爷嗔爱地白了洛让一眼，吸了吸鼻烟说，“听我爷爷讲，很久以前，我们这里经常发生战争，人们过着很苦的日子，后来象雄派兵把挑起战争的那些人收拾了，人们才有了平静的生活。”

“这事儿和我家房名有关系吗？”洛让瞪大了双眼。

“别急！”爷爷说，“我们家是给一位带兵官修的，于是人们给它取了个‘达茹’的房名，意思就是带兵官住的房子。”

“那‘琼茹’又是什么意思呢？”洛让指着他家后面山坡上的房子问爷爷。

“‘琼茹’是地方官住的房子，‘琼’是象雄人的姓氏。”爷爷说，“几千年前，我们这里就有人居住了，他们那时已经把野猪驯化成了家猪，还用贝壳当钱币做起了生意。一些地方官与象雄军队一起来到嘉绒地区，所以给他们修的房子大多取名叫‘琼茹’。”

“这支军队后来到哪儿去了？”洛让点着头忍不住又问。

“战事平息后，他们留了下来。后来象雄被吐蕃消灭，吐蕃也派军队到了嘉绒地区。”爷爷指了指西边的远山，“看见那一抹蓝色的群山了吗？山的那边就是松岗。那里曾经有一位将军叫盘热，他是这一带的最高长官，他和其他人一样留了下来，是松岗的第一个土司。再后来，象雄军队也和象雄人一样与这里的人结了婚生了子。我们都是他们的后代。”

“这样说来，我们在琼布会有亲戚呢！”洛让兴奋地拍着手说。

“是的。”爷爷说，“我爷爷的爷爷、舅舅的舅舅，还有外婆的外婆，他们都在遥远的西藏，在遥远的琼布。”

洛让望着天边缓缓移动的白云，心想，那朵云一定是从西藏琼布飘过来的吧。

活动

1. 收集全班同学家的房名的故事，将它编成一本书。做法是：

（1）准备一些大小相同的白纸，每人一张。

（2）每个同学在纸上写出自己家的房名，写出自己家房名的意思，并为自己家的房名画个插图，画你家的房子、风景，或你的家人都行。

（3）把自己的学号标在自己那张图画的右下角。

（4）把所有人的图画收集在一起，按学号排好。

（5）委托画画好的同学画一个封面；把封面放在最上面装订起来。

好啦，现在我们有了一本自己编的书啦，书名就叫作《我们的房名》。把这本书作为教师节的礼物送给老师吧！

2. 给你的家庭做一个家族树。做法是：

（1）访谈自己的家长，了解自己父母以上几辈长辈的情况，包括：姓名、年龄、职业、性格、特点以及大家对他的评价。特点包括这个长辈有什么能力，比如会编织、会绣花、馍馍做得好、唱歌好、会跳锅庄、会讲故事等。

（2）把了解到的内容记下来。

（3）画一棵树，按照辈分，从树根开始，将你调查到的家族长辈的信息一代一代地标记在树上，辈分越高的，越靠近树根，树梢处是你们自己。树的形式和内容标记的方式可以自己设计。

注意！向家长做访谈时要注意礼貌，不要打扰家长的工作，如果家长能给你们讲几个家族的小故事，那你就要谢谢家长了。把这些故事记下来，写在你的家族树旁边，和同学们分享。

（六）尾声：黑虎寨的故事

前不久的夏天，王小平又来到了茂县黑虎羌寨脚下的黑虎乡中心小学。她站在操场上，被大山环抱。学校由三栋不很高大的楼房组成，呈“n”形。石片和黄泥砌成的外立面温馨又和悦，与环抱着它的大山融为一体——仿佛是大山的子孙，既延续了大山的血脉，又绽露出新潮的性情。

学校是地震之后由“壹基金”出资，非营利组织“自然之友”实施修建的。建筑是重要的文化载体，每一座建筑都是一部活的史书。黑虎乡中心小学这部史书讲述了社会对地震灾区的支援，也展现了羌族的文化风貌。

《沃布基的故事》正在这个学校的课堂上使用，沃布基正带着小伙伴们一起认识家乡、领悟家乡文化。州教育局发文后，乡土教材课在全州已经有了制度的保证——乡土教材课每周必上一节，学校要有教学团队，教授乡土教材的成绩可以作为评定职称和评选先进的依据，各校检查评比乡土教材课也作为考核内容。

黑虎乡中心小学不仅学习着《沃布基的故事》，还成立了名为“沃布基电台”的小广播站。

学校只有 99 个学生，都住在旁边山上的寨子里。

五年级的杨和科、王洪波和余滔要带王小平去他们山上碉楼里的家。

出发的时候，余滔忽然仰头问王小平："王老师，我们先带您去家里，还是先带您去看将军墓和将军寨？"

"将军墓？是哪个将军墓？"王小平明知故问。

"大将军杨国龙！就是黑虎将军啊！"

"我们黑虎寨就是黑虎将军的寨子啊！"

"我们学的书里写着呢，黑虎将军保护了我们寨子，是我们的英雄。"

几个孩子一扫刚才的腼腆，争先恐后地说起来。王小平暗自高兴——这本乡土教材他们看进去了！

孩子们带王小平上山进了寨子。黑虎寨在山腰，羌族人习惯住在半山上，远远看去，寨子会隐约浮现在云朵之上，羌族也因此被称为云朵上的民族。黑虎寨的人家全住在碉楼里，这些碉楼少说也有 300 多年历史。汶川地震时，除了一座八角碉略有损坏，其余竟毫发无损。

到了孩子们家里，家长赶忙沏了茶招待远方来的客人，孩子却有更好的招待——屋顶。孩子们想要干什么，却并不说话，只是充满渴望地盯着王小平，然后一转头，登上天井里的独木梯，三下两下蹿上屋顶。那背影分明在说：跟我来，有好玩的！

屋顶上有的是风景，还有白石祭台——每个羌族家庭的屋顶上都有 5 个白石祭台，四角各一个小的，中间一个大的。孩子站在祭台边，依旧不说话，只是看着王老师。

王小平说："哦，这里有个白石堆。"

孩子赶忙更正："那是纪念白石神的，我们学的书里有白石堆的故事。"

6年前，王小平到寨子里做文化调查的时候，就发现了茂县每家羌碉上都有5个白石堆。那时她问了恰好站在家门口的一位中年老乡屋顶上那白石堆是什么意思。老乡抬头看了看屋顶，不以为然地说："我们的房子上都有这个白石堆。什么意思？我不知道。老辈子都是这样的，我们也这样。"后来，王小平了解到，白石堆代表着羌族迁徙的历史和羌戈大战的创世故事。这个内容被编进了《沃布基的故事》里，现在终于成了这些羌族孩子的骄傲。

孩子们已经讲起黑虎寨的故事了，家乡的文化已经在孩子们的心里生了根。

王小平为此很高兴，也很满意。这正是天下溪的本意。

王小平　北京天下溪教育咨询中心

七

让西部乡村儿童获得更好的教育

西部阳光

"人生天地间，各自有禀赋。为一大事来，做一大事去。"

——《自勉并勉同志》，1924年，陶行知

1998年夏天，一位叫尚立富的甘肃大学生出发了，陪伴他的是一辆自行车、一顶帐篷和100多块钱。在之后20天中，他从甘肃会宁途经河西走廊，一路直至青海，走访了上百户农村学生和教师家庭。那时的尚立富很难想象到：这次行走在20年后会演变为西部阳光基金会的公益缘起。

尚立富家在甘肃白银市景泰县，是个地地道道的西北人，但1998年的行走却让这位年轻人对家乡感到陌生：这片土地竟然如此荒凉，学校的教育竟然如此落后，学生和老师的生活竟然如此艰难。尚立富在某次采访提到过一段令他印象深刻的经历："我去过一个地方，那里是复式教学，一个老师当时带十几个学生。学校年久失修，房子塌了，那个老师不忍心让学生翻山越岭去邻村学校上学，因为那样这些孩子可能就辍学了，所以老师当时就把自己家里面积最大的正房腾出来，然后在那里

◎ 屋外活动取暖的师生

面给学生上课。屋内没有取暖（设备），冬天冻得没办法，他们就在外面晒会儿太阳，然后在里面再上会儿课，所以他们一节课上不完的。”

从 1998 年至 2003 年，尚立富在 6 年时间内用骑行或徒步的方式，在西部农村地区开展教育田野考察，行程 4 万多公里，累计走访 20 多个省市自治区，沿途记录了近百万字的考察笔记，拍摄了 5000 余幅纪实照片。在调查的过程中，尚立富得到了越来越多关注和支持，他对农村教育的认识也越来越深入，他经常反思：“农村的学生和老师到底需要什么？我又是谁？我能干什么？”

他自己给出的回答就是：应该务实，应该以人为本，以农村为本。“我觉得并不是我们决定农村需要什么然后过去做，而是要了解并根据农村的需要决定做什么和怎么做。”

（一）从行走到行动

2002 年至 2004 年，尚立富在北京 20 多所高校举办了西部农村教育图片展，引起轰动。2004 年初，尚立富联合北京一些高校的社团负责人发起了“西部阳光行动”，动员大学生们到西部农村支援教育、建设乡村。他们力图摆脱传统的短期观光式的大学生下乡支教活动，建立起大学生长期的支教支农模式。“西部阳光行动”计划历时 3 年，利用每年的寒暑假派大学生志愿者到西部开展活动。

仅在 2003 年，“西部阳光行动”在北京十几所高校就招募到 1800 多名学生志愿者，光北京大学一个学校就有 180 多人报名。在各高校社团的协助下，尚立富的西部阳光工作团队组织了专题讲座，又经过面试、笔试、模拟场景测试等环节，总计

◎“西部阳光行动”大学生志愿者和孩子们在上课中

100 个不同专业的学生入选。之后，他将入选志愿者分成 10 个小组，分别派往 10 个项目地点开展长期支农支教服务。

此时的“行走西部”已经从个人的行动成为集体的行动，从个人的追求成为众人对振兴乡村教育的心愿。

（二）从草根到基金会

从 2003 年开始，尚立富奔走在北京、上海、南京等几十所高校之间做摄影巡回展，各大媒体开始关注他和“西部阳光行动”的进展。2004 年初，中央电视台的“面对面”栏目播出了对尚立富的专访，“西部阳光行动”广为人知，也正是这期节目，让尚立富结识了爱心慈善人士周小丽女士，并直接促成“西部阳光行动”向西部阳光基金会的蜕变。

尚立富在《三月风》月刊的采访中回忆到和周小丽女士的谈话，周女士说：“这些事（指“西部阳光行动”），如果你也不做我也不做，事情就不会有人做了，那也不对……我看你好好干三年，做出成绩了，我帮你，我‘给’你一个基金会。”

2006 年 5 月 26 日，北京市西部阳光农村发展基金会（简称“西部阳光基金会”）在北京市民政局登记成立，注册资金 200 万，由周小丽女士所在的上海新联康投资顾问有限公司出资，基金会首届理事长由“自然之友”发起人之一、21 世纪教育研究院院长杨东平担任，尚立富担任基金会首位秘书长。

从此，一位西北青年的支教行走终于发展成一个持续的、专业的公益教育事业。

（三）深耕细作的第一个五年

由草根 NGO（非政府组织）直接转变为非公募基金会，西部阳光基金会的经历在中国公益界堪称绝无仅有。虽然身份发生了质的转变，但基金会的重心仍然是“西部阳光行动”一贯的主业——支援西部农村教育，服务受益对象始终是乡村的儿童和教师。

2009 年 12 月 5 日“国际志愿者日”，“西部阳光行动”举行志愿者 6 周年聚会。2003 年至 2009 年的 6 年间，超过 1500 名志愿者的足迹遍布了安徽、甘肃、宁夏、陕西、四川、贵州、青海、山西等 40 多个贫困山区的村庄，服务儿童 37500 名，服务村民 1700 余户。

基于在农村公益教育领域积累的大量技术、经验和资源，西部阳光基金会在 2006 年至 2011 年间逐渐形成了自己的服务体系和长期项目。例如从“西部阳光行动”演化而来的志愿者短期和长期支教项目，引进相对发达地区的资源和技术，通过短期支教的形式参与农村建设，促进农村发展，同时促进大学生和大学生社团的成长，为中国农村培养乡村建设的志愿者和人才。长期支教项目通过派驻志愿者长期入校服务的形式，为农村地区学校提供综合素质类教育教学服务，同时为当地提供农业、卫生保健（后发展为生命教育）、法律常识以及减灾防灾等领域的知识技能普及。

例如针对女教师、代课教师、复式教师和大龄教师等农村地区教育方面的弱势群体，设立农村教师培训与支持项目，将新的教学方法和理念运用到具体的教学中，带动农村教育的发展，并通过乡村建设理论的培训，使受训教师参与乡村建设，成为农村发展的带头人。

再例如农村幼儿教育探索项目，面对农村地区幼儿园教育保育质量低下的现状，提供从硬件配给到教师培养再到教材研发的农村幼儿教育质量提升解决方案。在硬件方面，项目为农村地区幼儿园提供适宜幼儿使用的硬件设施，包括大型硬件滑梯，室内硬件桌椅、水杯架、水杯、保温桶、电视等，并对幼儿活动场地进行修缮和改造，使其成为适合幼儿园开展活动的环境，为幼儿创造良好的学习和生活氛围。在课程方面，为幼儿园配套幼儿用书、教师用书、幼儿活动材料，包含完整详细的教师教案与幼儿活动时使用的材料，使农村教师拿起教案即可开展活动。在软件方面，项目开展集中教师培训、幼儿园入园教研、外出访问等形式多样的教师培养活动，提高教师专业技能，培养教师教育理念，为项目实施地区幼儿教育培养自己的幼教队伍。同时，项目定期在园内举办家长会、家长讲座、亲子运动会等活动，培养监护人教育理念与教育方式，促进幼儿园与家庭教育目标一致，为幼儿创造良好的教育和生活环境。

除此以外，为乡村贫困学生和教师提供慈善捐赠，为乡村学校建设小型基础设施以及为乡村教师、教育界专家学者和政府官员等公益相关人群搭建交流平台等工作也是西部阳光基金会的服务组成部分。

（四）转型调整的第二个五年

2009年，《公益时报》为梁晓燕女士做了一期专访，此时梁老师的身份是西部阳光基金会第二任秘书长。梁晓燕告诉《公益时报》记者，基金会的目标在原有的“改善西部农村的教育和文化现状”和“弘扬志愿精神，带动更多志愿者投身公益事业”基础之上，还新增了一条：为各类NGO参与西部农村教育搭建平台。

在2009年3月，西部阳光已经在着手整理全国支持农村教育的NGO名录，并在同年发起首次农村教育类NGO行业论坛，希望从中挑选一批进行资助，并为全国同类机构提供有益的参考。2009年11月27日，第一届中国教育公益组织年会在北京召开，全国近百家各级各类教育公益组织参会，并围绕会议主题“应对变化：教育类公益组织的行动与思考”展开热烈讨论。

2010年，在基金会成立4年后，西部阳光基金会账面上出现了一笔结余的非限定性资金，时任基金会秘书长的梁晓燕借此机会正式提出资助草根NGO的想法。经过西部阳光理事会的反复讨论和严格筛选，最终选择了9家草根NGO进行资助，每家资助5万元。除此以外，基金会会计自告奋勇承担起这9家NGO的财务体系建设工作，还帮助它们各自建立了会计账目。

2011年，西部阳光基金会谈拢了一笔合作资金。那一年，福建正荣集团董事局主席欧宗荣的儿子，主动找到西部阳光基金会寻求合作，他曾经做过西部阳光基金会的志愿者。双方一拍即合，正荣集团当即决定出资支持，首期 50 万的捐赠很快入账。这让西部阳光当年得以资助 24 家 NGO，支持资金从 2 万到 5 万不等。2012 年，在正荣集团的参与下，西部阳光基金会将资助农村教育类 NGO 的行动命名为“桥畔计划”。同年，西部阳光基金会决定将资助教育类 NGO 的行动规范化，从“捎带着做”的短期行为转变为基金会公益服务的重要组成部分。

2012 年，西部阳光基金会还出现了另外一个重大的变化，原本从“西部阳光行动”演变而来的短期志愿者服务项目正式脱离基金会的服务体系，并于 2014 年以民办非企业单位身份在北京市民政局注册成立，名为北京益微青年公益发展中心，简称“益微青年”或“EV”，成为一家专门支持大学生在教育公益行动中蓬勃生长的民间公益组织。

“EV”的“单飞”和“桥畔计划”项目的启动，标志着西

◎放飞梦想，快乐的孩子们和志愿者

部阳光基金会第一个十年调整和转型的结束，此时的西部阳光已经从一个初期的、项目运作型基金会，转型为一家引领教育公益行业发展的综合型非公募基金会。

（五）今天的“西阳”

调整转型后的西部阳光经历了快速的扩展和成长，2018 年，西部阳光基金会所设公益项目总共覆盖中国大陆地区的 30 个行政区域，截至 2017 年 12 月，项目累计投入资金超过 9000 万元（2018 年 12 月预计投入累计资金将超过 1 亿元）。从 2010 年至今，西部阳光基金会连续被北京市民政局评为 5A 级基金会，并在 2016 年《中华人民共和国慈善法》颁布后，被认定为中国第一批慈善组织。

今天，西部阳光面向中国欠发达地区的儿童、教师和初创型教育公益组织等对象提供服务。基金会主要品牌项目包括：“阳光童趣园”“陪伴成长 · 驻校社工”“青葵花导师计划”和“桥畔计划”四个项目。

其中，“阳光童趣园”服务于欠发达地区学前教育阶段的儿童和教师，致力于为中国欠发达地区学前儿童服务（2~6 岁），探索农村地区幼儿教育的有效解决方案，为当地学前儿童创造公平优质的教育环境。“阳光童趣园”项目于 2005 年启动，并于 2015 年完成服务升级，以木质轻量模块建筑作为硬件解决方案，并出台了从采购至交付使用全流程的硬件服务标准。

针对学前教育发展的地区差异性，“阳光童趣园”项目提供丰富多元的学前教育支持服务，包括硬件配给、环境创设、教师培训和家园互动等多种方式。截至 2018 年 8 月，“阳光童趣园”项目已在甘肃、云南、重庆、新疆、河南、河北、安徽、山东、贵州等 12 个省份，20 多个行政区，完成 110 所阳光童趣园的建设与对管理员的培训，现均已投入使用。

“陪伴成长 · 驻校社工”项目以陪伴农村寄宿制学龄期儿童成长作为工作核心，通过引进社会志愿者，采用社工工作手法，陪伴乡村寄宿制学校的学生成长。为学生提供有趣而专业的社工课程；通过家访和个案访谈等方式了解学生的生活情况；通过各类校内外的活动，丰富学生的课余生活；协调学生与父母、同辈、老师之间的关系。目前，驻校社工项目围绕儿童综合素质、学习兴趣和心灵健康等三个目标分别提供对应课程，即心理健康课程、行为养成课程和发展教育课程。同时驻校社

◎“手把手”的陪伴

工项目已经形成四大基本服务模块：社工室、社工课、个案和家访、成长教育。

“青葵花导师计划”则是一个面向乡村教师群体的公益培训项目，致力于为乡村教师提供高效、专业、可持续的教学与管理能力提升方案，以回应当前乡村地区教研力量在专业性、可操作性和可持续性上难以满足教师职业发展需求的挑战。

2013 年，“青葵花导师计划”项目正式启动，在甘肃省陇南市礼县和成县招募乡村教师 120 名，在山东青州和寿光地区招募导师 25 名，为东西两地教师搭建起线上学习社群，为奋斗在一线的乡村教育工作者提供教学和管理培训，将东西两地教师联结为学习共同体。

2016 年，经过 3 年的实践探索，参与“青葵花导师计划”的甘肃乡村教师扩展至 471 名，在青岛支教岛联盟学校导师团队的指导和陪伴下，青葵花学员获得了快速且持续的成长，超过 4 成的种子学员获得县、市、省和部级的教学评比奖项，礼县项目区建立起教师互助组织，吸收大量本地学校加盟教研团队，带动乡村校长和教师开展送教下乡活动，扩大项目辐射范围，推动项目可持续性发展。

2017 年，“青葵花导师计划”二期项目完成更新和改版工作：在继承了第一期项目有效经验和模式的同时，对服务模块、培训课程以及学员管理方法进行了梳理，将青葵花的培训服务聚焦于乡村新教师群体的教学效能提升工作，一方面为乡村教师提供专业、实用、可持续的公益培训服务，另一方面为东部地区教师搭建高效便捷的公益支教平台。

截至 2017 年 12 月，“青葵花导师计划”二期项目完成了指数级增长，在一年的时间内，为 459 名乡村教师提供了 134 期线上培训服务，累计教学示范和教研咨询时长 402 小时，线下集中与跟岗培训 9 期，累计受益教师人数 550 名。

2018 年，“青葵花导师计划”三期项目将培训课程拓展至乡村小学、中学及幼儿教师教育领域，线上培训课程覆盖小学和中学的语文、数学、英语和班级管理教师培训，生命教育教师培训，以及财商教育教师培训等类别。截至 2018 年 8 月，青葵花导师计划三期项目已经为 1200 名乡村小学、中学和幼儿园教师提供专业、实用、持续的公益培训服务。

“桥畔计划”是一个支持初创阶段教育公益组织成长的资助型项目，通过与具有发展潜力却面临困境或瓶颈的初创教育公益组织建立合作关系，为其搭建学习交流平台，提供小额非限定性资金资助，创造资源对接机会等方式助力组织成长，为中国教育公益力量注入更多的活力，拓宽视角，以期推动教育困境状态下的儿童教育问题的改善或解决。

“桥畔计划”关注具体教育问题，从服务对象角度出发，清楚自身面临的挑战与困难，谋求真诚平等合作的组织或个人，进行为期一年的陪伴合作（合作期为当年 5 月至次年 4 月）。通过组织能力测评，共同探讨机构发展所需加强和提升的能力。针对合作伙伴的实际需要，创造学习交流与资源对接机会，提供几千至几万元的非限定性机构发展资金，以帮助其缩短初创阶段的周期，为推动中国教育发展贡献力量。

（六）“西阳”的明天

陶行知1924年作的《自勉并勉同志》一文中写道：“人生天地间，各自有禀赋。为一大事来，做一大事去。多少白发翁，蹉跎悔歧路。寄语少年人，莫将少年误。”这句话于一个人成立，于一家公益机构也成立。

从尚立富行走西部，到“西部阳光行动”广为人知，再到西部阳光基金会的成立、转型和扩展，这群人、这些项目乃至这家机构的目标始终如一，20年前驱动尚立富车轮飞驰的原动力未曾减弱：乡村儿童与这片土地上所有儿童一样，拥有公平的受教育机会，拥有同等的享受优质教育的权利。为了实现这一目标，西部阳光一直在行动的路上！

刘烨　北京市西部阳光农村发展基金会

八

“外引内活”的乡村教育突围之路

甘肃宕昌

（一）序曲：困境中突围的智慧——“外引内活”

宕昌县位于甘肃省南部，陇南市西北部，地处青藏高原边缘岷山山系与西秦岭延伸交错地带，全县辖区面积 3331 平方公里，耕地面积 43 万亩。现辖 11 镇 14 乡 336 个行政村，总人口 31.94 万人，其中农业人口 28.9 万人。宕昌县由于建县晚、底子薄，是一个欠发达的贫困地区，境内山大沟深，地形复杂，经济基础薄弱，属秦巴山区集中连片扶贫开发工作重点县。受自然环境和经济条件的限制，宕昌县的教育事业发展一度缓慢，在缺少沉淀的基础上，宕昌教育就如同一株稚嫩的幼芽，在这块古老而贫瘠的土地上顽强地生长。几十年来，宕昌教育人虽为之付出了心血，挥洒了汗水，但收效甚微。教育经费投入长期不足，办学条件简陋，教学设备陈旧，教学方法落后，师资力量短缺，群众观念淡薄，教育事业发展仍严重滞后。如何才能改变现状，如何才能打破制约教育发展的“瓶颈”？这几乎是每一代宕昌教育人思考的问题。

至 20 世纪末，校舍危房率高，适龄少年儿童辍学率高，青壮年文盲半文盲人数高；适龄少年儿童入学率低，生均校舍建筑面积低；图书、桌椅及师资短缺等“三高两低三短缺”的问题依然是制约教育发展的“瓶颈”。在世纪之交，全县紧紧抓住了实施“国家贫困地区义务教育工程”的大好机遇，大打“两基”攻坚战，广泛开展“大办教育”活动，通过社会各界的共同努力，加大了学校建设的力度，硬化、绿化、净化、美化校园，使全县中小学办学条件有了质的飞跃。在宕昌农村“最漂亮的建筑是校舍、最亮丽的风景在校园”已经成为不争的事实。宕昌县于2009年通过省“两基”验收，是全省实现“两基”达标的最后一个汉族县。2011年顺利通过了“两基”国检，“两基”攻坚画上了一个圆满的句号。教育事业的发展进入到一个新的阶段。

在抓好硬件投入改造的同时，宕昌县牢牢抓住教学质量不放，把提高教育教学质量作为教育事业发展永恒的主题。早在2006年，在开展轰轰烈烈“两基”攻坚的同时，宕昌县教育局就将扩大普及与提高质量并举，硬件建设与软件建设齐抓，把提高教育教学质量摆上了位，抓上了手，以开展教育对外合作交流为切入点，探寻提高质量的有效途径。北京市西部阳光农村发展基金会将爱的阳光雨露洒向了宕昌，达成了“甘肃省宕昌县基础教育综合提升项目”意见。2007年元月，春寒料峭，宕昌县启动的基础教育综合提升项目，却为宕昌教育事业的发展吹来了暖人的春风。该项目先后为宕昌县开展了特岗教师培训、英语教师顶岗培训、小学艺术教师培训，组织全县中小学校长赴山东省青州市考察学习、取经学艺，委派志愿者到农村中小学支教。进入新世纪，特别是在2011年通过“两基”国检之后，实现了“量”的普及，如何尽快实现“质”的提高，全面提高教育教学质量，成为摆在宕昌教育人面前的重大课题。正当宕昌县教育事业转向定轨，工作重点由大打“两基”攻坚战转向全面提高教育教学质量，为“打造高效课堂，发展优质教育”而苦苦寻找出路的时候，西部阳光农村发展基金会再次“雪中送炭”，先后为宕昌引进和实施了“北京师范大学基础教育跨越式创新试验研究项目”，北京谷雨千千树“‘千千树’幼儿教师培训项目”，广东省担当者行动教育发展中心“班班有个图书角项目”，并介绍宕昌县教育局与天津市北辰区教育局缔结为教育友好合作伙伴，为宕昌教育事业的发展作出了不可磨灭的贡献。沐浴着“西部阳光”，反观自身差距，与周边县教育质量比较，面对各地教育竞相发展的逼人形势，针对县财政困难、教育投资不足的弱点和师资力量薄弱的现状，民转公教师占相当比例、教学观念落后、教学方法陈旧的“短板”等问题，着眼于“避弱点、补短板、提质量、谋发展”，宕昌县教育局一班人立足实际、审时度势、深入思考、反复研究，确立了“外引内活”的工作思路，即引进外力，激发内部活力。通过北京师范大学“基础教育跨越式创新试验研究项目”改进课堂教学；通过北京谷雨千千树“‘千千树’幼儿教师培训项目”培训合格幼师；通过广东省担当者行动教育发展中心“班班有个图书角项目”激发学生阅读兴趣，扩大学生知识面；通过立足实际，坚持开展“研课标，说教材”“送课入校，以课代训，包干走教”“中小学英语情景剧大赛”“全县中小学教师课堂技能大赛”

等教研活动，探索创建教研工作新机制，提高教师业务能力，促进教师成长。

（二）外引之一：打造“高效课堂”——从“跨越式”教学做起

课堂，是教学的主阵地。随着信息时代的到来，传统“填鸭式”的课堂教学已经不适宜现代教学的需要。为了进行课堂教学改革，打造优质课堂，宕昌县教育局广泛探寻、反复比较，最终在西部阳光农村发展基金会的帮助下决定引进并实施北京师范大学“基础教育跨越式创新试验研究项目”（以下简称“跨越式”）。

“跨越式”教学模式是北京师范大学现代教育技术研究所所长、教育技术学院教授、博士生导师何克抗最先提出来的。“跨越式”教学，从小学语文、英语开始，课堂采用以语文“211”、英语“111”的教学模式，即语文在一节课40分钟时间内，遵循以“语言运用为中心”的教学理念：前20分钟为教师主导下的教与学，主要讲授课文知识要点，打造高效课堂；后20分钟是在教师引导下，以学生为主体的10分钟拓展阅读和10分钟写作训练。英语在一节课40分钟时间内，遵循以“语言交际为中心”的教学理念，把课堂分为三大块：教师引导的师生对话，邻座学生的两两对话，扩展听读。低年段课堂时间比例为“16∶12∶12”。这种模式一改老师上课一本教材一支粉笔“填鸭式、满堂灌”的传统教学模式，用信息技术与课堂教学深层次的整合来促进学生自主学习、协作交流和感情激励，改革了以教师为中心的教学结构，实现课堂教学的根本性变革。

2011年5月，经北京市西部阳光农村发展基金会牵线搭桥，宕昌县教育局派遣副局长赵怀中、县教研室主任陈武成专程到新疆“跨越式”教学试验区参观学习。在学习中，大家认识到在宕昌县开展“跨越式”教学既适合宕昌教育，又能推动宕昌教育快速发展。2011年6月28日，“甘肃省宕昌县基础教育跨越式创新试验研究项目”动员会和座谈会在宕昌顺利召开，跨越式教学试验项目总负责人何克抗与宕昌县教育局局长郑芳杰关于《基础教育跨越式发展试验研究项目合作协议书》的成功签订，标志着宕昌县正式成为“跨越式”教学试验项目县。至此，“跨越式”教学落户宕昌。当天下午，在宕昌县城关三小召开了“甘肃省宕昌县基础教育跨越式创新试验研究项目”座谈会，与会校长就“跨越式”教学的相关疑问进行了提问，何教授和他的研究生赵可云博士对所提问题一一耐心解答。会后，赵可云博士和陆建娣女士（时任北京市西部阳光农村发展基金会项目总监）深入各报名参与学校进行了调研并确定了南河中心小学、何家堡中心小学等10所学校为宕昌县第一批“跨越式”教学试验学校。

为了保障“跨越式”教学试验项目的顺利实施，宕昌县教育局成立了由局长任组长、副局长和县教研室主任任副组长、各项目学校校长为成员的“跨越式”教学试验领导小组；教研室成立了“跨越式”教学试验项目教研组；各项目学校分别成立了项目管理领导小组和项目教研组。除此之外，县“基础教育跨越式教学试验项目”领导小组还制定了《宕昌县基础教育

◎“跨越式”年会资料展览

跨越式教学试验项目学校量化考核方案》《宕昌县基础教育跨越式教学试验项目试验教师量化考核方案》，印发了《宕昌县教育局关于基础教育跨越式教学试验项目学校结对帮扶与师徒制有关事宜的通知》，制定了《宕昌县基础教育跨越式教学师徒制量化考核制度》等一系列文件，以加强对基础教育跨越式教学试验项目的管理，增强项目学校、教师之间的交流协作，提高项目学校和试验教师实施“跨越式”教学的积极性和主动性。2011 年秋季学期开学后，宕昌县“跨越式”创新试验研究项目正式启动。

“跨越式”教学在语文教学中，坚持“以语言运用为中心”的教学理念，强化学生的读写能力。在小学阶段，将阅读写作引入课堂，引导学生自主学习；英语课堂遵循“以言语交际为中心”的教学理念，强化学生的听说英语的能力，基本实现全英语课堂。

廖丽萍是宕昌县城关一小小学语文“跨越式”教学模式的一名试验老师，她说：“‘跨越式’改变了传统教学模式，它的信息技术与课堂教学的深层次整合打造了高效课堂，学生还能在课堂上有充分时间自主阅读和写作，大幅度提高了学生的阅读和写作水平，为学生远期发展奠定了基础。”赵若芸是宕昌县旧城中学中学语文“跨越式”教学模式的一名试验老师，她觉得语文课越来越难上，越来越不知该怎么教，到底如何才能改变这一现状呢？应该要注意转变教育教学理念，把教学的“教”向学生的“学”转移，“教”为“学”服务，有目的、有计划地引导学生自觉积极地参与，变教师的主体为主导，让学生由被动变为主动，而这一点“跨越式”教学做到了。

“跨越式”教学实施以来，原来“写作文就头疼”的农村娃出口成章，许多已然是学校的“小诗人”“小作家”。这是因为传统的语文教学把大量时间花在字词记忆、语法上，忽略了读写，束缚了学生的思维。而“跨越式”教学，从一年级学拼音阶段就把识字、阅读、写作相结合，让学生在综合能力、情感培养、价值观等方面全面发展。

王金全是宕昌县旧城中学中学英语“跨越式”教学模式的一名试验老师，他说：“大家都在谈论‘以学生为主体，以教师为主导的教学’，到底应该怎样去做？怎样才能把学生从枯燥无味的单词背诵中解放？怎样才能让学生告别哑巴英语？谁也给不出一个具体的方法和模式。英语也似乎永远成了学生眼中的‘老大难’。正当我们在探讨如何去改变我们的课堂时，是

'跨越式'教学模式，它让作为一名英语老师的我看到了英语教学的曙光。"韩冬花是宕昌县何家堡小学小学英语"跨越式"教学模式的一名试验教师，她说："'跨越式'教学运用先进设备和理念给学生以高效的课堂，让英语学习告别了'哑巴'和'聋子'的历史，实现了以言语交际为中心的教学，使贫困农村的孩子也能跟上发达地区孩子的英语水平。回首'跨越式'在我县走过的7年，给我们带来太多的感动与收获，这不仅体现在老师们授课技能和计算机技术运用上，更体现在学生学习能力、综合素质和成绩上。我们看到农村教师的课堂已经显现高效，孩子们享受到优质的教育，就算身处大山，他们也会和城里的孩子享受着一样的教育。'跨越式'教学成就了我自己。把我从一个只会教书的教书匠，培养成为一名会学习、会思考、会探究的教育者了。"2014年4月甘肃省教育厅总督学李晶到何家堡小学检查"跨越式"教学工作，听了她的课。下课后，韩冬花的学生们主动和李晶等人用英语打招呼问候。李晶当时很是震惊，他走过很多地方、很多学校，很少有学生敢用英语主动打招呼，但在何家堡这个乡村小学，他见到了，他感叹道："孩子们用英语交流好自然、好自信、好大方。简直不可思议啊！"

宕昌县教育局的一个统计显示：在阅读能力方面，试验班级的一年级学生在学完拼音后，普遍能拼读一首儿歌，期末时能拼读150字以内的文章；二年级的大多数学生能在10分钟内读完老师指定的3~4篇短文；三年级的学生普遍能读完相关拓展材料，并在情景中用英语进行口语对话；四年级学生能自然、

◎理川片“跨越式”教学及研讨培训

流利地在课堂中用英语对话。在写作方面，一年级学生至少能够写出一句完整、通顺的句子；二年级学生至少能写一段话；三年级学生能够写出主题明确的文章。试验班的考试成绩也都高于同级非试验班。在全县中小学教学质量检测考试中，小学“跨越式”项目学校的语文、英语平均分、及格率、优良率除了低于城镇小学以外，均高于全县和其他类型学校；初中“跨越式”班级的平均分、及格率、优良率均高于全县和其他类型学校。

宕昌县教育局局长郑芳杰说，“跨越式”教学不仅激活了宕昌教育发展的“内驱力”“原动力”，还为宕昌教育的发展带来了非常宝贵的“财富”。首先，“跨越式”教学为宕昌县教育带来了先进的教育理念和教学技能，让宕昌试验学校的教育教学全面与教育发达地区“接轨”，同时提高了教师运用现代教育技术开展教学的能力以及课程整合的水平，促进了教育现代化的进程。其次，“跨越式”教学的实施，为宕昌县培养、锻炼了一支高素质教研队伍，也让一批年轻教师脱颖而出，有6名教研员和教师被课题组和外省邀请讲授示范课和开办讲座，成为本土的教学能手和教研专家，这在宕昌县教育史上是前所未有的。再次，“跨越式”教学也让许多农村薄弱学校走上了发展“快车道”，为实现城乡教育均衡发展和教育公平奠定了良好的基础。最后，“跨越式”教学也给全县教师带来了比黄金还宝贵的东西——信心，更加坚定了全县上上下下实现教育“赶超”的信念。

（三）外引之二：大力发展学前教育——以“千千树”项目提升

随着“普九”大业的完成，大力发展学前教育摆上了教育事业发展的重要位置，宕昌学前教育的发展驶入了“快车道”，县内幼儿园像雨后春笋般建设起来。全县学前教育机构由原来仅有一所县幼儿园，极个别学校附设了幼儿园或学前班，发展到2016年全县各类学前教育机构达80余所，有效解决了幼儿“入园难”问题。幼儿园建起来了，更大的困难也随之而来，一是没有专业幼儿教师，特别是农村合格幼儿教师是一大空白；二是学前教育“小学化”“保姆式”现象非常普遍，成为大力发展学前教育的“短板”。为此，培养合格幼儿教师成为亟待解决的首要问题。

当此之时，2012年秋季，又经“西部阳光”介绍，北京谷雨千千树教育公益组织（以下简称“千千树”）将爱的种子播撒在宕昌这块贫瘠的土地上，“千千树”与宕昌县首次签订了幼儿教师培训协议，开始正式与宕昌县建立了合作关系。这颗种子迅速地在泥土中生根发芽，小县城从此注入了前沿的、先进的幼师培训理念。北京大学社会学硕士、耶鲁大学博士王甘是千千树教育公益伙伴联合创办人，她自己办了一所高端的小橡树幼儿园，积极地参与到VSP（社会创新投资伙伴）组织中帮助更多需要帮助的幼教工作者，推动教育公平发展。

通过与“千千树”3年合作，宕昌幼儿教育不但彻底改变了“小学化”现象，而且逐渐摸索出了“县级培训师—基地培训师—骨干教师—幼儿教师”四级培训模式，即县级培训师由“千千树”培养，县级培训师培训基地培训师，基地培训师培训各幼儿园的骨干教师，各幼儿园的骨干教师接受培训后回到幼儿园，对本园全体幼儿教师进行培训，建立起了一套完整的幼儿教师培训体系，这种“滚雪球”式的培训能够在短期内让全体教师接受培训，目前已在全省8个县试点推广。

展平蕊是宕昌县教育局学前教育股的一名教研员。她说，通过培训，幼师们一改往常的小学化授课方式，知道了怎样将游戏融入课堂，怎样将肢体动作和有声语言相结合，怎样去讲述一个生动的绘本故事，改变了社会先前认为的幼儿园就是“保姆带孩子”的错误观念，让他们深刻地体会到了上好一堂幼儿课的艰辛与不易。

◎"千千树"幼儿教师培训

於佑玲原是一名学前教育教研员，县级培训师，目前担任县幼儿园园长。她说，从老师和孩子身上，欣喜地看到了变化，老师们不再一味地让孩子写字、算算术，她们带孩子们玩游戏、唱儿歌、看绘本；孩子们听完故事后对老师的提问积极踊跃地回答。孩子们通过听故事、看绘本，看到了大山以外更加广阔的世界，在有趣的音乐活动中幼小的心灵得到了艺术的滋养。当北京"千千树"首席专家张仲华教授在看到项目进行3年后的谢家坝学校附设幼儿班开展的绘本活动中，孩子们说出各种天马行空的想法时，他说："宕昌县农村的孩子和北京小橡树幼儿园的孩子没啥两样！"

心理学研究表明：幼儿的可塑性较大，容易"先入为主"，是培养良好习惯的最佳时期，而且幼年时期形成的习惯也比较牢固，不易改变。专家们普遍认为阅读是伴随幼儿一生成长的活动，所以对幼儿早期阅读的教育，应站在终身教育的高度予以重视。

2017年春，宕昌县幼儿园（以下简称县幼）成为乐平基金公益组织支持的早期阅读试点园。为了更好地开展阅读活动，县幼专门选择了一位热爱阅读的教师成为园内的阅读指导员并制订阅读计划。为了使计划“落地开花”，县幼从幼儿、家长、教师三方面入手。

一是从幼儿入手。对于孩子来说，2~8岁是习惯培养和形成的关键期，包括良好的生活习惯、行为习惯和学习习惯，而阅读是学习的基础，人的阅读能力往往决定了他的学业成就，同时也是个人未来成功从事各项工作的基本条件之一。2017年6月县幼开始举行读书月活动，督促家长和幼儿进行读书打卡并评选出书香宝宝、书香家庭、书香班级，通过活动了解到大多数家庭没有大量的绘本图书，有的家庭藏书甚至为零，为此县幼在2017年秋季学期开展了请家长进教室陪孩子一起阅读（每个班级配发“千千树”提供的绘本以及担当者免费捐赠的绘本）活动。在孩子们的阅读达到一定量时，再根据孩子的理解能力在2017年秋季学期末时分年级组进行绘本延伸活动：小班年级组是将读过的经典绘本再现，孩子和老师把读过的绘本通过粘、撕、贴、剪等方式重现一本绘本；中班年级组是将读过的绘本续编或创编；大班年级组是绘本剧表演。从2016年起县幼将资源包和“千千树”课程作为本园的日常教学用书，在每日下午有一节“千千树”的集中活动（听阅读、绘本、音乐）。为了使早期阅读常态化，在每日的上午10：30—10：50全园区活动时间让部分幼儿进入阅读区，在每日下午 4：30—4：50 进行全园阅读一刻钟活动，使孩子逐渐养成良好的阅读习惯。

二是从家长入手。2017 年春季学期县幼邀请了城关九年制学校儿童阅读之家的负责人郭丽老师对家长进行亲子阅读知识讲座，培养家长读书的意识。在 2017 年秋季学期邀请在亲子阅读方面有丰富经验的杨珺老师在小班年级组进行亲子阅读知识讲座，使全园幼儿家长有阅读的意识，并能和自己的孩子一起阅读进而爱上阅读。除邀请有丰富阅读经验的专家、老师之外，还邀请本班孩子的家长（爸爸、妈妈、爷爷、奶奶）进课堂讲故事，成为故事妈妈、故事爸爸、故事爷爷和故事奶奶，激励家长和孩子去关注阅读并逐渐去尝试阅读。

三是从教师入手。为孩子和家长建立阅读意识和习惯的同时，县幼教师也行动起来。刚开始，於佑玲园长为老师们带头上绘本示范课，以课代训进行阅读方面的园本培训，使老师们对孩子的阅读教学从朦胧状态逐渐清晰起来。想要带动孩子和家长，教师本身就需要进行大量的阅读，为此，每周三上午县幼进行教师阅读沙龙活动。2018 年春季学期在教师阅读沙龙活动的基础上又进行教师读书打卡活动，每个课程成立了教研组（语言、科学、数学、听阅读、绘本等），每周一教研，使老师们对自己的学科领域有一个更加清晰的认识。功夫不负有心人，幼儿、家长、教师慢慢地有了读书的想法，并且深深喜欢上了读书。

2017 年 9 月有一个特别的日子，担当者阅读协调员何亮走进了县幼，不仅带来了好的阅读方法，更为孩子们带了精神食粮——整整1000本绘本图书，成为宕昌县所有幼儿园中首个担当者公益组织支持的早期阅读试点园，建立了“班班有个图书角”。在“担当者”的支持下，县幼还申请到“彩虹花”项目，使孩子阅读的视野又得到了拓宽。

只有持之以恒，幼儿的阅读能力才能得到良好的发展。县幼发现，经过一年多阅读教育之后，幼儿注意力集中了，有50%的幼儿爱上了阅读，阅读成为他们的一种习惯。书读得多了，眼界也就打开了，也获得了很多课外知识，在理解力、表现力上也大大提高了。县幼的活动为全县幼儿的阅读教育又创设了一条新的道路。

岷江幼儿园是一所新建的幼儿园，教师大多以小学转岗教师为主，在接触“千千树”之前，他们没有机会外出培训学习，也从没有接触过园本培训，不知道一首儿歌可以变个花样让整个课堂活跃起来。随着与“千千树”项目的“零距离”接触，通过多次参加“千千树”集体培训学习，他们也模仿着这样的培训模式进行园本培训，让全园老师都在及时地、不断地吸收新的血液，从而达到大家一起成长和进步的效果。

王芳是一名由中学音乐教师转岗的幼儿园园长。她说，我们以“千千树——甘肃宕昌县农村幼儿教师培训”为契机，借助“千千树”培训的力量，提升每个教师的业务水平。在幼儿园内成立了“教师培养工作室”，让骨干教师带动中层教师，让老教师带动新教师，一一结对帮扶，不让团队的任何一名老师掉队，就是这样，把一群普通教师培养成了县级骨干教师，把一所“零起点”的幼儿园办成了全县示范性幼儿园和“宕昌县幼儿教师培训基地”“宕昌县学前教育教师实习基地”。

如今，宕昌的学前教育幼儿入园率大幅度提高，通过“千千树”项目培训，骨干幼儿教师队伍初具规模。这支队伍就像棵棵小树苗正在茁壮成长。县教育局副局长赵怀中说，由于缺少编制，学前教育现在是缺幼儿教师，但不缺骨干幼儿教师。随着幼师队伍的不断壮大，在这批骨干教师的带动下，相信明天，宕昌幼教事业会由棵棵参天大树支撑起一片充满希望与活力的郁郁森林。

（四）外引之三：全面提高学生学习能力——借力“担当者行动”，大力推动儿童阅读

培养学生学习能力，是倡导终身学习，建设学习型社会的根本要求，是适应时代进步，为学生一生发展和幸福奠基的必然要求。为了全面提高学生的学习能力，把课内阅读和课外阅读结合起来，让学生爱读书、会读书、读好书，养成爱好阅读、终身学习、自我教育的良好习惯，2012 年，再经“西部阳光”牵线搭桥，在试点的基础上，宕昌县教育局引进民间公益助学组织——广东省担当者行动教育发展中心的“班班有个图书角”项目。2014 年 4 月，宕昌县教育局与担当者行动教育发展中心签订了 10 年合作协议。2014 年 7 月，宕昌县被担当者行动教育发展中心确定为第一批试验区。

“班班有个图书角”所选书目是经过国内外专家、学者精心挑选的适合各个年级孩子阅读的图书，填补了小学低年级孩

子可读书籍的空白。在班主任老师的指导下学生自主管理图书角的图书，这样方便了借阅，也极大地激发了老师和学生的阅读兴趣。

对于小学生而言，读书需要“一盏明灯”指引。为此，宕昌县教育局又和“担当者行动”公益组织联合启动实施了“阅读领航员”教师培训项目。这是一个着眼于教师成长的项目，通过教师的成长和改变，带动学生的成长和变化，从目前乡村学校最薄弱的儿童阅读课程着手，通过儿童阅读理论和课程实践的培训，让教师加深对于儿童阅读的认识，掌握基础的儿童阅读指导方法，有效地促进课堂教学和学生阅读能力的提升。通过这样的培训交流活动，加强与项目学校的互动，发现优秀的种子教师，鼓励其成为孩子们阅读之路上的“领航员”，并作为区域的“造血细胞”，构建当地的阅读小生态。

为了实施好以上项目，宕昌县在全县中小学开展了“班班有个图书角，每天阅读一小时”的活动，让阅读成为全县各学校的主旋律。2015 年 5 月，在阅读活动组织开展得有声有色的木耳小学，宕昌县教研室选拔了工作熟练、成效良好的宋韩斌老师作为阅读教研员，引领全县阅读活动的开展，这在县级教研员结构配备上是第一人，也是陇南市各县教育局教研员中的第一人。各学校也百花齐放，各具特色，开展了一系列阅读活动。

宕昌县沙湾小学语文老师申学奇是一名普通乡村女教师，她在孩子出生后，买了全年的《东方宝宝》，一有空就把孩子抱在怀里一边读一边用手指指图画，她惊奇地发现，9 个月大的孩子居然学会了翻书页，等孩子长到一岁时已能口齿清楚地表达简单的日常用语。随着读物的一点点增多，孩子的词汇也越来越丰富，这些都受益于阅读。于是她想，如果给学生读书会怎么样呢？

2012年秋，她向学校申请去教一年级语文，为的是课余能教孩子们一些儿歌和童谣，培养他们的阅读兴趣。机缘巧合，2013年暑假，她所在的学校成为“担当者行动”中“班班有个图书角”项目学校，大量优秀的图书摆放眼前，令孩子们眼花缭乱。最初是由她拿着书站在讲台上大声朗读，主要是读绘本，她尽量选择画面色彩鲜艳，故事情节简单，文字较少的书读，每天早晨读10~15分钟。孩子们十分喜欢，听故事时比上语文课还专注，经常有孩子听着听着就走上讲台来看图了。后来她在电脑中发现好多童书网上都有配套的MP3，比如“暖房子”系列、“聪明豆”绘本系列，申老师便下载后在教室里给学生播放，让他们先听录音，然后找到这本书课间轮流读或好多孩子一起读。有时也会给孩子们分享一些自己在课余读书时读到的好故事。再到后来孩子们上三年级了，随着“担当者行动”的阅读推广，此时申老师也开始用PPT上绘本课，基本上是每周一节课，有的绘本教室图书角有，孩子们会自己去翻看。每当寒暑假给孩子们布置的作业也和阅读息息相关，让他们每人从图书角借一本书回家读，读完后和其他同学相互交换，每人至少读5本书，记下书名、作者、出版社、主要内容，记下最让他感动的地方或他认为最有意思的地方，开学第一天的语文课上选择自己最喜欢的一本书“聊书”。当孩子们上四年级时，阅读课渐渐从课内转移到课外，从绘本欣赏转移到阅读整本书，从长篇小说转移到诗歌散文，并开展“班级共读一本书”活动。活动从整本书导读课开始，每周五一次小组交流讨论，整书读完后进行总结，即以班级读书交流课作为结束。课余组织孩子们做读书笔记，办手抄报，通过有意识的读写画，记录自己的阅读感受，享受阅读的愉悦感。这不仅培养了阅读毅力，激发了浓厚的读书兴趣，而且在班级内营造了良好的读书氛围。每天孩子们在琅琅书声中迎来黎明，下午又在阅读小故事中送走黄昏，每一天规律而充实。学生都很投入，有时念得如痴如醉。有一次当念到“每一粒种子都有一个美好的愿望”时，她问学生：“如果你是一粒种子，你会是什么种子，有什么愿望？”一个胖胖的男生说他愿自己是一粒西瓜子，为大家在炎夏送来甜美的果汁；一个瘦小的女生说她愿是一株向日葵，一生向着阳光。很多学生自由想象表达，这样美妙的早晨不胜枚举。活动的实施使学生变得喜爱诗歌，丰富了他们的语言积累，更重要的是成了他们生活的一部分，他们从中学习道理、情趣、审美、想象、表达，这成为他们成长的精神营养。

高瑞兰是宕昌县哈达铺镇上罗希望小学的一名教师。她说，“担当者行动”的图书角就像一股沁心的春风吹进了我们的校园，使我们的留守儿童沐浴在阅读的阳光中。有那么多那么好的经典书籍，孩子们的小脸蛋上洋溢着幸福的笑容。在这之前，学校的阅读教学几乎就是空白，学校虽然有少量的藏书，但可读性并不高，学生家庭藏书几乎是零。通过一年的阅读实践，学生们发生了质的飞跃。变化最大的是一个叫许辉的同学。

许辉可是学校大名鼎鼎的人物，和同学打架是家常便饭，经常欺负弱小同学和女生，破坏公物。不交作业，上课捣乱，学习更是一团糟。更有甚者，有次英语老师批评了他，他竟然背着书包跑回了家，口中大喊“我不稀罕上你们的破学校”。活脱脱一个“混世魔王”，同学们讨厌他，老师们对他直摇头叹息。他也更是破罐子破摔，对什么都习以为常，不以为然。

到六年级时，高瑞兰老师担任了这个班的班主任，教语文课和阅读课。因学校刚成为“班班有个图书角”的项目学校，阅读课是新课。第一节阅读课，高老师走进教室，其他同学都用期待的眼神看着老师，可是许辉还是老样子，趴在桌上假寐。高老师轻轻地对他说：“许辉同学，你能坐起来吗？”他用挑衅的眼神看了高老师一眼，好像在说：“我不坐好，你能把我怎样？”然后极不情愿地、歪歪扭扭地勉强坐起来。带着对许辉的无奈，高老师以故事的形式开始了《草房子》的导读课。曹文轩笔下一个个鲜活的少年从高老师口中蹦出。不知什么时候，许辉端端正正地坐着，睁得大大的眼睛里充满了惊奇。课间许辉将高老师堵在去办公室的路上，激动地说：“老师，我，我……”“没事的，你慢慢说。”高老师安慰他。“我还想听桑桑、杜小康的故事。”他终于说出了想要表达的意思。高老师灵机一动说：“好呀，你去图书角找吧，他们都在那本书里等着你。”慢慢地，许辉好像变了一个人似的：变得沉静了，上课安静了，作业偶尔也能交了，打架也很少了。他经常捧着一本书在那儿静静地读着，那神情好像这个世界已经不存在了，只有他和那本书。有时他会在操场一边走一边捧着一本书，看得津津有味，有次竟然撞到了羽毛球架上，他摸了摸头笑了笑，继续看他的书。

后来许辉的奶奶告诉高老师，许辉的父母好几年没有回家了，爷爷年纪大了也管不了他。自从上了六年级，他好像突然懂事了，放学后不再跑出去干坏事了，邻居也不来告状了。一到家他就拿出一本书坐在院子里看，有时边吃饭边看书，看到高兴处，会把有意思的内容讲给她听。

最为可喜的是他的语文成绩从 25 分、33 分……到毕业考试 58 分。许辉蜕变的直接原因就是阅读的力量。教育只要把一粒粒阅读的种子埋在孩子的心里，随着时间的推移，在他的心里总会开出绚丽的花朵。我们深深地明白阅读对一个孩子的重要性，阅读不仅仅是增长他们的知识，更能改变他们的人生的宽度和厚度。或许我们还无力改变农村留守儿童的人生起点，但是可以通过阅读改变他们人生的终点。希望学生们无论将来从事什么工作，阅读将是他们生活中重要的一部分。

“担当者行动”的“教师阅读包”项目的设立是为激发学校教师的阅读热情，让教师首先成为一个阅读者，推动学校教师阅读共同体的建立。缘起于此项目，2016 年 11 月，高瑞兰老师又组织发起创建了“哈达铺担当读书会”，在“担当者行动”的大力支持下，哈达铺学区、牛家学区热爱阅读并致力于班级阅读推广的十几位老师聚在一起加入了该读书会，读书会的核心成员负责本校的阅读推广的开展及与“担当者行动”的对接。

要让学生阅读，老师必须先读起来。他们制订了计划，每

◎给孩子们讲绘本

周安排一名老师在微信群里分享一本童书或理论书，然后大家积极点评，之后记入读书会的资料。每一次读书分享都是一次激励，一次蜕变。读书会的主要活动是线上交流和线下活动，线上活动为每周在微信群里分享读书心得和点评，线下活动是每月进行一次，形式有班级阅读实践分享、教育理论书籍和童书分享、阅读课的教学设计探讨和磨课，每次活动都有详细的记录。

读书会从最初的几位老师到现在的二十几位老师，他们抱团取暖，共同成长。读书会的老师愿做点灯人，点亮孩子阅读的心灯，也照亮自己的教育人生。希望通过读书会的活动，能影响更多的老师和家庭，让他们也重视阅读并致力于阅读推广，让阅读成为一种最美的生活方式，把高品质的阅读带给我们的孩子。一个人也许走得很快，但是一群人会走得更远。

针对地处教育落后地区，很多家长和老师的观念一时很难转变，对培养孩子阅读能力的重要性还认识不足的问题，2017

年 6 月，由城关九年制学校教师郑芳、郭莉发起，在广州春桃慈善基金会和校长马喜等领导的支持下，正式成立了“宕昌儿童阅读之家”。团队联合了全县其他学校教师和热心公益的家长，旨在为初期儿童阅读推广领域的公益伙伴提供支持，以助力项目启动，孵化出更多专注于儿童阅读推广的优秀人才和机构。团队核心人员均为热心于公益的宕昌各学校在职教师。以“倡导儿童阅读，营造精神家园”为宗旨，以“探索儿童教育改革，推广儿童阅读，促进儿童全面发展，提高教师和家长指导儿童阅读的能力”为目标，定期举办妈妈讲绘本、亲子活动、亲子阅读、阅读讲座等活动和线上的童诗及育儿资源的分享。以城关九年制学校为据点，通过线上线下活动，肩负起了整个社区乃至全县的儿童阅读推广。项目实施近两年期间，为扩大影响力，还申请开通了公众号，并由旧城中学志愿者教师陈宝平制作每期活动的美篇广泛传播，同时申请注册了自己的标志。目前微信群成员 340 人，志愿者 20 多人。阅读之家从活动策划到故事讲解，有不少志愿者在校内带动了一批积极参与儿童阅读推广的教师，促使教师探索阅读教学的改进，同时教师们担负着社区阅读推广的重任，已使诸多家庭受益。孩子们走上了阅读之路，城区内几所公立、私立幼儿园也开始把绘本教学、亲子阅读放到了教学首位。

目前，宕昌县通过“班班有个图书角”项目已在 107 所学校建立了 800 个图书角。其中，小学 703 个，占班级总数的 78%，受益面 91.1%；初中 97 个，占班级总数的 27.6%，受益面 24.5%。同时，与公益组织“扬帆计划”“学愿桥”等合作开展师生中文及英语绘本阅读；成立“教师读书会”“儿童阅读之家”，参加“阅读领航员教师研习营”等。近年来宕昌县还积极开展了诵读经典等活动，全县中小学师生诵读经典，校园书香浓郁已蔚然成风。古人云：“书犹药也，善读者可以医愚也。”阅读滋养了学生的心灵，浸润了学生的童年，点亮了学生的心灯，借此沐浴人类文明的阳光，内心世界得以广袤丰饶，灵魂得以纯净高贵，书籍为他们指明了人生前进的方向，相信他们将因此而走得更远、飞得更高。

（五）内活：促进教师专业成长——探索创新教研新模式

提高教育教学质量，教师的发展是根本。为了整体提高中小学教师的教育教学能力，宕昌县教育局通过实施 VSO 项目，开展校本教研，成立片区教研中心，举办“研课标、说教材”竞赛，组织教研员“送课入校、以课代训、包干走教”，鼓励学区内打造一流管理模式等形式，积极探索创建了教研教改工作新机制。

1. 实施 VSO 项目。2006 年 7 月，英国海外志愿者服务社（VSO）北京代表处代表到宕昌就国际志愿者有关事宜与宕昌县教育局达成协议，实施“VSO 宕昌基础教育项目”。自 2007 年 3 月开始，VSO 先后选派了 6 名国际志愿者和 4 名国内志愿者到宕昌开展教师培训等有关工作，挪威教师阿斯提就是其中一员。2009 年 3 月至 2013 年 9 月，阿斯提老师以教育顾问的形式受聘于宕昌，同时，她接受了宕昌一中的聘请，到宕昌一中工作。为了充分发挥阿斯提老师培训师的向导作用，宕昌县教育局与宕昌县一中协商，让她部分时间在县一中工作，部分时间在其他学校听课评课、培训教师。阿斯提老师在宕昌工作期间，对英语教师、骨干教师以及学校领导进行了相关培训以及后续跟进拜访，对教师主要是以学生为中心的教学方法的培训。为了使这一工作能够持续下去，宕昌县教育局选拔南阳中学英语教师杜彩菊为阿斯提老师的翻译兼助手，跟随阿斯提老师学习。杜彩菊也在阿斯提的培养下成了一名合格的英语教研员。为了表彰阿斯提为宕昌教育所作的贡献，在她离开宕昌时，被县教育局聘请为终身名誉教师。在阿斯提结束宕昌工作后，杜彩菊根据阿斯提的培训方式，结合实际自主创新了教师培训模式。她一改以往的“讲座式”培训，在培训过程中，通过理论培训结合集体备课、上示范课等形式，培训效果良好。她“送课入校、以课代训”，根据培训理念，亲身示范，上好每一节示范课。她研究摸索教学模式，针对阅读教学，总结了阅读课教学模式，在全省优秀课堂教学法评比中获二等奖。她开展网络教学研究，利用宕昌县英语教师QQ群，与群内教师进行交流、沟通，并且在群空间上传了大量的英语教学方面的资料，如教学设计、教学课件、教学反思，以此鼓励教师进行资源共享，共同成长。

2. 开展校本教研。全县各中小学立足本校实际，积极开展公开课、示范课、听评课活动，以求实现教学中“以老带新，以新促老、新老结合、共同进步”的目的。同时，以教研组、年级组为单位，同伴互助、集体教研、凝聚智慧、改进教法，力求实现课堂教学效率最大化。积极选派教师外出培训，回校后进行校本培训，为校本教研注入了新鲜的血液。另外，还坚持实行学校领导分包年级、“推门听课”制度，有力地促进了教师进行教学研究的自觉性和积极性。

3. 成立片区教研中心。为提高校本教研的实效性，实现校际教学研究的合作互动和均衡发展，2011 年宕昌县创新教研工作机制，按地理位置分小学和初中，成立了 12 个片区教研中心，聘请 420 多名兼职教研员，组织开展“跨校联片”教研活动。2015 年成立了高中联校教研中心，教研员把自己的课带到学校，让周边学校的同科目老师先观课再点评，集体备课，让课堂教学更完美。例如：城关片联片教研以“区域推进与互动，集中指导与分片服务”相结合的形式展开，以“一年一个侧重，一年一个主题”纵向贯穿，以“一校一个特色，一片一种形式”横向联通的推进思路，切实提升本片学校教研的水平，促进教师成长。采用“中心校辐射，名师引领，骨干带动”的措施，构建“实践反思、合作分享、专业支持”的教学研究制度，健全片区与成员校间教研网络。围绕深化课堂改革，努力更新教与学两种方式，探索新的课堂教学模式、推广新的教学方法，开展“合作教学、课例教研、案例反思”等各具特色的教研活动，增强了教研为教学服务的实效。该片区教研中心负责人说，通过联片教研这种教学研共同体，以校本教研为抓手，充分利用联片教研搭建的平台，教师参与了“自我反思—同伴互助—专家引领”培养模式，校际合作研究教材教法，让参与教师与专家零距离对话，聆听专家对教学高屋建瓴的具体指导，使教师在做课中锻炼，在参与中发展提高，在展示的过程中凸显并形成创新的教学风格。一批成员校的骨干教师得到了各专家型教师的引领，他们在逐渐地成长。同时本校内也慢慢形成了学科梯队的雏形，教师之间互助、共享的意识逐渐形成，教师的素养和专业水平不断得到提升，推进了校本教研工作向深度和广度发展。

“跨校联片”集中教研机制的建立，加强了区域内学校之间的联系，优化了区域内的教学资源，有效地把区域内教师以“片教研中心”形式凝聚在一起，有力地解决了全县学校分散，教研活动举步维艰的问题。

4. 举办“研课标、说教材”竞赛活动。每年组织中小学教师开展“研课标、说教材”竞赛活动，全部以“知识树”的形式制作成 PPT，现场进行“说教材”。活动分学区（校）、片教研中心、县级三个阶段进行，同时组织教师观摩。宕昌县城关一小一名参赛教师说：“第一次说教材时，自己并不知道怎么说，等到听完大家的，我才有所了解，我觉得我现在越来越会说教材了，也确实提高了我的教学能力。”“研课标、说教材”活动保证了教师在上课过程中了解教材、明确目标、整合知识，知道教什么、怎么教，提高了课堂教学效益。

5. 为充分发挥名师、骨干教师的示范和引领带动作用，促进偏远村学教师专业成长，整体提高宕昌县中小学教师课堂教学的能力和水平，宕昌县教育局于 2017 年春季学期、秋季学期分别下发宕教发〔2017〕32 号、宕教发〔2017〕189 号文件，积极组织开展“送课入校、以课代训、包干走教”活动。

教研室根据预定活动计划，通过听课、评课、交流研讨三步走的培训方式，每周对 3 个学区和 2 所初级中学（九年制学校）进行“送课入校、以课代训、包干走教”下乡活动。教研室一年送课数：小学语文 20 节、阅读 10 节、数学 20 节、英语 20 节；初中数学 7 节、英语 7 节、化学 7 节、物理 7 节、生物 7 节。被送课学校配套讲课小学语文 20 节、数学 20 节、英语 20 节；初中数学 7 节、英语 7 节、化学 7 节、物理 7 节、生物 7 节。全年共完成全县中小学教师培训 1057 人次；各片区内部也积极开展此项活动，活动次数不一（每学期至少两次），共完成学区内包干走教培训活动 230 次，培训教师 3446 人次。

活动的开展，将优质课送到最基层学校，解决了基层完全小学特别是教学点教师难以参加业务培训的问题，让基层老师不出校门就能享受到优质的培训资源，而且带活了各个片区的教研教改及教师培训，全面推进和提升了偏远村学校薄弱学科教师驾驭教材的能力。

6. 学区也自成体系，突围学校困境，力争打造一流管理。韩院学区位于宕昌县城东南部的韩院乡，共辖各类学校 13 所，其中中心小学 1 所、乡中心幼儿园 1 所、完全小学 4 所、教学点 6 所、阳光童趣园 1 所。全学区共有学生 831 人，其中中心小学 344 人、完小 265 人、教学点 60 人、幼儿园 165 人；有教师 73 人，其中专任教师 55 人、代课教师 15 人、公益性岗位教师 3 人。为能够最大限度地发挥学区的联动管理功能和中心学校的带头示范作用，促进全学区整体办学水平的提升，结合学区实际情况，学区校长戚玉方对学区内的基层学校管理方面做了工作调整，也初见成效。

优先配备德才兼备的基层学校校长。由于基层学校大多比较偏僻，学校的负责人年龄又普遍偏大，思想保守陈旧、工作没有创意、积极性不高、责任心不强等问题严重制约了基层学校的发展，导致家长不信任学校，大量生源外流，办学异常艰难。鉴于此，学区利用两年时间将4所基层完小和2个教学点的负责人进行了更换，动员推荐有责任心、想干工作的年轻教师到基层学校负责。通过两年的努力，各学校的管理水平、教学质量、文化建设等方面有了质的提高。在2017年全县小学四至六年级质量检测考试中，获得全县同类学校单科成绩前三名的教师全学区共有22人，其中基层4所完小就有10人，接近全学区总名次的一半。

加强师资队伍建设。学区不同于独立中学或城区小学，在教师队伍管理方面主动性较强，有一定的优势。为调动全体教师的工作积极性，学区制定出台了《韩院学区教师轮岗交流制度》，将每年新分配的90%左右的教师都优先安排到基层学校任教。每学期或一学年根据综合量化成绩排名将各类学校名次靠前的老师无条件调整到中心小学任教，中心小学最后一名交流到基层学校锻炼。这样一来，基层学校师资力量就有了活力，教师们的责任性、积极性都有不同程度的提高，学校各方面工作就会有新的起色。

重视学校环境的改善。在学区体制下，中心学校的发展靠基层学校支撑，基层学校办学水平提高了，整个学区的办学水平也就提高了。学区以一个“家庭”的标准来打造全学区每一所学校。为了让老师们能够安心工作，学校通过外援项目和自身经费相结合的方式，为相距不远的学校集中修建大小洗澡房2座，开设了小食堂4个，各个学校都购买了洗衣机，4所完小全部接通网络，为所有教师配备了办公电脑，通过各种方式让老师们能够在学校有“家”的感觉，最大限度地方便教师日常生活，让他们能够全身心投入工作。

优先做好教育经费的保障。为了能让基层学校校长放开手脚干，发挥自己的决策主动性，提高干事情的能力，学区近几年一直足额拨付各学校的公用经费，包括学前幼儿的保教费。另外对每年下拨的薄弱学校补助资金，由校委会开会商议，将下拨基层后剩余部分集中起来有针对性地为部分学校解决实际困难，发挥公用经费的最大作用。韩院学区已改造美化基层学校校园5所，硬化维修6所学校2000多平方米，共投资30余万元，全学区硬件建设有了质的提高。

基层管理初见成效。社会舆论和家长对学校的评价是最直接的，当看到家门口的学校逐渐走上正轨，自己的孩子交到学校能够放心后，已经有部分家长将孩子从外地转了回来。学前班有了生源，学校发展就有了生命力。

（六）尾声：改革增活力创新出效益——宕昌路径

如今，基础教育“跨越式”教学项目和“千千树”幼儿教师培训项目合作期已满，不再定时来宕昌指导培训，但他们带给宕昌的先进教学理念和教学方法已生根发芽、开花结果。宕昌教育人在与他们合作期间学习收获的基础上，又积极探索，勇于实践，自主创新，务求实效，在实践中创新，在创新中总结，深入持久地进行着教学课堂模式改革，开展丰富多彩的幼儿教师培训活动。可以说，宕昌已通过改革创新形成了自己的教学改革模式和教师培训模式。全县教育战线呈现出“话改革举措、谋改革创新”的活力四射的喜人局面。教育教学质量明显提高，社会效益日益凸显。

创新是一个民族进步的灵魂，是一个国家兴旺发达的不竭动力。教育改革创新是时代的要求，是加快教育事业发展的重要途径。宕昌县从本县实际出发，走出了一条“以改革增活力，以创新求效益”的内涵发展、成效明显的路子，这无疑对贫困山区冲破质量困境，突出教育重围具有借鉴与启示意义。

事业辉煌凝众志，任重道远催奋进，改革创新不停步，优质教育惠民生。改革没有终点，创新永无止境。相信宕昌的教育事业在广大教师和教育工作者的共同努力下，坚定不移地沿着改革创新的路径走下去，一定会走出一片艳阳天！

赵怀中　甘肃省宕昌县教育局

九

做朴素而幸福的乡村教育

四川阆中

阆中地处四川省东北部、嘉陵江中上游，辖区面积 1878 平方公里，辖 21 个乡、25 个镇、4 个街道办事处，境内拥有中国保存最完好的“四大古城”之一的阆中古城。阆中历史悠久，文化底蕴深厚，俊彦辈出，素有重教兴学传统。公元前 314 年就置巴郡和阆中县，至今已有 2300 多年的历史，战国中期曾为巴国国都，明末清初时阆中一度成为四川临时省会达 20 年，西汉时期阆中著名天文学家落下闳创制了《太初历》和世界第一台浑天仪，蜀汉名将张飞镇守阆中达 7 年。这座唐宋格局、明清风貌的历史古城，山围四面，水绕三方，天造地设，风水绝佳，素有“阆苑仙境”“春节之源，风水之都”等美誉。阆中作为全国历史文化名城、世界千年古县、中国优秀旅游城市、国家 5A 级旅游景区，尤以全国目前唯一能看到全貌的中国古代乡试贡院——川北道贡院引人注目，更有为纪念唐代尹枢、尹极，宋代陈尧叟、陈尧咨两位兄弟状元而立的“状元坊”，以及“116 位进士、404 位举人”的科举传奇，为阆中赢得了“科举圣殿，状元之乡”的美称。

阆中是四川扩权强县改革试点县、国家新型城镇化综合试点城市。四川盆地适宜的气候条件和土壤结构，成就了这里的秀水青山，也养育了88万朴实的阆中人。然而盆地边缘的低山丘陵地貌，使得这里的农业不能实现大面积机械化，只能延续传统农耕生产方式。农民家庭经济收入的主要来源，除了老年人守着自家那“一亩三分地”上的出产，就靠青壮年外出务工挣钱，留守儿童极为常见。

阆中城区外的46个乡镇，分布着101所农村学校，占全市学校总数139所的72.66%。这其中，生源不足300人的小规模学校32所，不足200人的小微学校18所，分别占该市农村义务教育阶段学校总数71所的45%和25%。最“袖珍”的二龙镇井溪小学，目前在校学生仅57人；最偏远的三庙乡中心学校，距离市区100多公里。

能否在植根阆中厚重文化底蕴的同时，挣脱“金榜题名，状元高中”世俗观念的束缚，蹚出一条区域素质教育推进的路子？

能否在留住青山绿水的同时，留住“乡土气息、乡村味道、乡风文明”，找到一条既符合教育规律又具有农村特色的乡村教育出路？

能否在缩小城乡教育差距的同时，做适合乡村的教育，做适合孩子的教育，做有根的教育，真正破解义务教育均衡发展的难题？

能否在捍卫乡村教育应有的地位与尊严的同时，能够通过乡村教育的发展，来阻断贫困的代际传递，承载孩子与家庭的希望，点亮乡村生活的美好未来？

能否在坚持用较少的钱办更多的事的同时，通过思想引领，理念革新，办出朴素的、家常便饭式的，却又绿色生态的、有良知有温度的、宜人养人的乡村教育？

能否在改善外部条件的同时，更加专注于学校的内涵发展，无论地域远近、规模大小、条件差别，让每一所乡村学校都溢满幸福，让师生们都能过上快乐而幸福的教育生活？

……

十几年来，阆中教育人在局长汤勇的带领下，践行朴素教育理念，追寻幸福教育目标，沿着内涵发展路径，坚持让每一个乡村孩子都不落下，让每一所乡村学校都不薄弱，让整个乡村教育都内涵发展，以阆中乡村教育朴素而幸福的良好生态，以及乡村学校内涵发展的生动实践，在努力作答。

（一）肇始于“劳动实践基地”的乡村味道

2006 年 3 月一开学，阆中市时任教育局局长的汤勇就来到了天宫乡中心学校。“背靠官帽山、面朝笔架梁、脚蹬小西河……”对于当地百姓这一番“风水宝地出人才”的介绍，汤勇一笑置之，反倒是一位村民说的一句话，“现在出人头地就是出去打工，就连学校门前那么好的一块地也快没人种了”引起了他的注意。“能不能想点办法，通过租种把这块荒地变成孩子们的劳动实践基地？”汤勇局长对时任学校校长的唐继松说。

自 2005 年下半年履职市教育局以来，乡村学校一直是汤勇调研的重点。除了“校舍小一点，楼房矮一点，学生少一点，教师老一点”，很难找得到乡学乡村教育自己的特色。汤勇说：“乡村教育不是一个地域概念，而是一个文化概念。要有乡土气息、乡村味道，要培养孩子们对农村的感情。”

学校迅速行动，先租用了10亩地，后来租地达50亩，主要用来种植季节蔬菜。学生可以免费吃上绿色蔬菜，多余的蔬菜还向邻近单位、大的学校、城里单位供应。蔬菜残叶作为青饲料养猪，每年出栏生猪近60头，师生平时可以吃上放心肉，地里拔出来的青草被投放到池塘养鱼，可以卖钱补贴日用。学校内几间原本阴暗潮湿的杂物间，也被师生们清腾出来育蘑菇、发豆芽、磨豆腐。

2007年12月，汤勇把全市校长都请到天宫中心校来，一起来观看师生们表演的从种到收的“劳动模拟操”，听一听用快板传唱的《农技、农谚三字经》，到种植养殖基地这个独特的课堂里亲身体验劳动实践带给孩子们的技能和快乐，到食堂里品尝学校自产的新鲜蔬菜、放心肉……

按照教育局“建好一个实践场所、办好一间学生食堂、资助一批贫困学生、培育一代社会新人、帮助一方农民致富”的“五个一”的要求，通过“启用原有学农园地、租用农民撂荒土地、利用布局调整空置土地、与农业示范基地挂牌合作”等途径，阆中的农村学校陆陆续续都建起了劳动实践基地。彭城中心校利用修操场挖出来的土方，在学校旁边的荒坡上堆出了“梯田”。

平地作菜畦、林地建果园、圈舍搞养殖、温室作苗圃……各校因地制宜，劳动教育开展得有声有色。就连一些城市学校也受到启发，发动师生在教学楼顶上建“空中菜园”，或者把废弃的花盆、啤酒箱、木条筐收集起来填土栽种葡萄、豆角、蒜苗、韭菜……

有劳动实践基地“撑腰”，劳技课才“扬眉吐气”。57 岁的冯明华是盘马中心学校的劳技教师，工作 36 年了，他咧嘴笑着说：“如果没有那块菜地，我的‘地位’就下降了，劳动课不好上。”菜地位于学校的运动场和一条清澈的小河之间，大约 10 亩，许多农民的孩子是在这里认识蚕豆苗的，他们还喜欢把从菜叶上捉到的虫子放进玻璃瓶里。一些村民也慕名前来，向老师们讨教大棚种植、黄瓜吊藤、滴灌使用等技术。

与土地和劳动打交道日久，一些学校有了收集农村生产、

◎充满乡土气息的劳动实践课堂

生活用具的想法。

彭城中心校依傍“生态农耕园”的围墙建了一条茅草覆顶的长廊，放着耕作用的犁头、耙、钉耙、锄头、锹，灌溉用的木桶、木瓢、粪舀子，收割用的镰刀、拌桶、挡席，运输用的背篼、背架子、扁担……并用壁画图解各种农具的名称、用途和使用方法。劳动之余，孩子们就到这里来休息，瞧瞧摸摸这些物件，围绕农具开展交流讨论。

红土中心校在师生生活区建起了“农具科普园”，收藏的农具颇为丰富，有的年代久远，有的簇新锃亮。校长介绍说，这其中既有农户捐赠的，也有集市收购的，还有师生自制的。已经“失传”了的，就请老农回忆描述，师生们加工“复原”；体量太大的，就做成“缩微”模型。那段时间，园内叮叮当当好不热闹，做木工，当篾匠，老师们做师傅，孩子们跑前跑后做学徒——测量尺寸、比例缩小、绘制图形、打下手，增长了不少见识。

为了抢救性地保护与传承濒临灭绝的农耕文化，留住农耕智慧、农耕文明和农耕情怀，拓展德育阵地，研发特色课程，让孩子们对我们的祖先，对这片土地有一种敬畏意识，同时也对接天宫风水文化景区，为当地旅游文化发展助力，2014年12月“农耕文化教育体验园”在天宫乡中心校落成。1.6万余件农耕文化藏品包罗万象，1880年编制的囤子堪为“镇园之宝”，耒米的耒子也极其罕见。藏品按“农耕工具”“生活用具用品”“匠铺作坊用具”“丝绸文化”“民俗艺术”等分门别类展出，散落民间乃至退出历史的农耕工具、生活用品重新走进孩子们的视野，化身乡土文化的活化石、活教材。

阆中东北方向 40 多公里外的老观镇，是川北民间歌舞小戏“灯戏”的故乡，素有“灯戏窝子”之称，“牛灯”“钱棍”“车灯”“竹马”等多种形式的民俗表演深受百姓喜欢，如今却大多濒临失传。土垭中心校的师生们要做这些非物质文化遗产的传承人。

作为山里的放牛娃，土垭中心校七年级的冉林同学的童年是在牛背上度过的，也是在爷爷的故事中长大的。爷爷的故事里就有“牛灯”——如何扎牛头，大人如何藏在黑布里扮牛身子，小孩子如何扮牧童……冉林听得着迷，请爷爷给露一手，但爷爷每次都拒绝了，“你爹当年都瞧不上，你现在还稀罕个啥。”

后来学校成立民俗文化活动小组，打听到冉林的爷爷就是当年表演“牛灯”的“牛人”，专门请他来当辅导老师。“校长都说应该传下来，一定是有道理的。我可不能把这门手艺带到土里去！”老人对学校的邀请很是看重。通过爷爷的口传身授，冉林和小伙伴们很快掌握了“牛灯”表演技巧。来自民间的“牛灯”终于又回到了民间——从此，冉林爷爷和他的小徒弟们就成了老观镇春节街头文化表演的“明星”。

土垭中心校把搜集到的地方戏曲、民歌小调等，用图文和曲谱记载下来，并详细介绍了当地民间艺术种类、起源、发展、现状等，编撰成校本教材加以传承。后来老观镇创建“中国民间文化艺术之乡”，这个校本教材也发挥了很大作用。

从劳动实践，到农耕文明，再到民间艺术，阆中的乡村教育为孩子们留住了乡音和“被遗忘的乡愁”。

（二）虔诚于“朴素而又美好”的乡村教育

随着城镇化进程的加快，城乡教育差距被越拉越大。迫于压力，乡村教育开始加快发展，急于赶上。但这种追赶城市教育的做法很容易急功近利，甚至东施效颦、邯郸学步，导致乡村教育心浮气躁、华而不实。好在阆中教育对此有着足够的理智和清醒。汤勇经常对校长、老师们引用庄子的那句话：“朴素而天下莫能与之争美。”阆中教育人所做的，就是这种朴素而又美好的乡村教育。

在乡村学校建设上，阆中坚持因地、因校制宜，宜建则建，宜改则改，宜整合则整合，反对大拆大建、推倒重来。

阆中的好几所农村中学，至今都还保留着 20 世纪 50 年代的那种苏式木楼建筑。老师们说，木楼道踩上去发出的那种厚重的声响，给人很强烈的“庄重”感，让人想到自己所从事的职业的分量。

玉台镇中心校 1995 年另址迁建。2012 年，镇政府动议将闲置下来的老校区“禹王宫”推掉建车站，推土机都进场了，汤勇闻讯后及时沟通阻止。经过修缮，禹王宫前殿成了教师宿舍，宁静清幽、古朴典雅的居住环境，深受老师们欢迎；后院扩建为幼儿园，节约了一大笔资金。

虽历经几次校舍改造，乡村学校原有单层楼、平房、院落大都被保存下来，并没有“被薄改”“被标准化”掉。经过加固、改造、粉刷一新，添置需要的设备，有的成为师生宿舍，有的成了食堂“小雅间”，有的作为教师“工作坊”，别具情趣。

汤勇说，这不仅是为了资金的节省，更是为了文化的传承、情感的延续。推倒重来或许简单省事，但那样学生们的母校就成了回不去的从前。

在校园文化建设上，阆中倡导师生自己动脑、动手，坚决反对匠人文化、商业文化。

阆中乡村学校的校园环境普遍朴素而清爽，几乎看不到雕塑、喷绘、LED 广告栏，更没有广告公司所谓的“校园文化包装”。

教室、寝室的木门陈旧脱漆，师生们就在上面动手精心做起“门文化”：典故、诗词、美图、美文、故事、连环画……图

◎阳光自信的笑脸墙

文并茂，精致美妙，既是校园特色文化载体，也是德育教育阵地，还是艺术展示平台，成为学校一道亮丽的风景。食堂天花板空荡荡的，就挂上孩子们亲手制作的风铃、灯笼和灯谜。给围墙加盖一个茅草顶或者竹片顶，师生们的书画、手工作品就能在那里得到集中展示，形成一道蔚为壮观的文化墙。

孩子们的灿烂笑容，被定格在“笑脸墙”上。种花养草的可乐饮料瓶，挂成一道植物种植墙。楼道过道，室内室外，师生们的书法、绘画、剪纸、木刻、刺绣作品被精心装裱出来供人观瞻，哪怕艺术水平不高，甚至还有些稚嫩、有些粗糙，因为出自老师和学生之手，就是无可替代的。

就连学生活动的器材，有很多也是就地取材，师生自制。跳舞用的竹竿来自房前屋后，铁环是用废旧铁丝做的，垒积木用的是旧纸箱、包装盒。几床草席连在一起，就成了训练幼儿小朋友“团队合作”的道具；挂在一起的锅碗瓢盆，成为可供孩子们敲敲打打的“编钟”。易拉罐、木块、卵石、瓦片、蛋壳、盘子……都被用来作为学生做游戏、搞创作、发明的器材。

对于朴素教育，阆中教育人还有更深层次的思考：做朴素的教育，就是要做一种“远离浮躁，回归宁静”“遵循规律，回归常识”“顺其自然，回归人性”“着眼成长，回归本真”的真教育。

汤勇认为，当下教育一个最根本的问题在于，学校本应是最适合读书的地方，却没有书香味道；教师和学生本是最应该读书的人，却成了远离阅读的一个群体。改变当下教育的喧嚣与浮躁、短视与功利，一个最根本也是最快捷的途径，就是建设书香校园，推动师生阅读。

为营造浓厚阅读氛围，阆中各个学校都通过建开放式书屋、书角、书柜、书橱、书架、书壁，把学校里一本本藏书“请”出来，做到师生随手可拿、随地可取、随时可读。

最初大家担心图书丢失，汤勇说“只要学生拿去读，书丢了也是好事”。他极力主张：“宁肯让书被孩子们翻烂，不让书在图书室里放烂；宁肯让书被孩子们拿走，不让书在图书室里睡大觉。”几年坚持下来，阅读开放了，爱读书的人越来越多，书却很少丢。

为砥砺校长老师们读书，汤勇坚持带头读书、写作。他说：“其他人可以不学习，校长、教师不能不学习；其他局长可以不读书、不写作，教育局局长不能不读书，不能不写作。教育局局长的读书、写作，不仅是自身学习的需要，也不仅是努力使自己成为专家型局长的需要，也是对校长、对教师的引领与示范的需要。”做局长十几年下来，他兑现了自己的承诺，先后推出《致教育》《教育可以更美好》《做一个卓越而幸福的教育者》《做朴素的教育》《回归教育常识》等11部教育专著，被《中国教育报》评为“2015年推动读书十大人物”、被《中国教师报》评为“2014年全国最具思想力教育局局长”。在他的引领下，越来越多的阆中教育人也有了手不释卷的习惯，大家把读书当作一种生存的必需，一种生活的方式，一种生命的常态。

每期开学，校长们都会收到教育局的推荐书目和赠送的图书。经费再紧张，都保证专项资金用于图书配备。系统工作总结表彰工作，推动阅读是重头戏；奖励教师，总少不了适合阅

◎阅读对于乡村的孩子特别重要

读的各种书籍。暑假期间，阆中的教师培训中心还专门举办教师读书班。

为让更多的孩子爱上阅读，阆中的学校专门开设有阅读课，并积极开展经典诵读、师生共读、亲子共读、同读共写、读书演讲等一系列读书活动，大力表彰“读书人物”“读书之星”“书香班级”“书香寝室”“书香门第”。

阅读成就不一样的教育，成就不一样的人生。构溪中心校是阆中最偏远的农村单设小学，但学校特别重视阅读，多年以前就建起“书香漂流居”——六年级学生离校时会主动留下自己的图书，让图书漂流起来，让学弟学妹可以读上更多更好的书。看到构溪学生那灵动的双眼和十足的精气神，就会明白一个道理：有书可读，孩子们就会有和最伟大的灵魂对话的机会；爱上阅读，无论在哪里都能享受到最好的教育。

（三）办一所"留得住孩子心"的乡村学校

那种唯考试、唯分数、唯升学率的应试教育，那种把孩子封闭在围墙内、局限在教室里、束缚在考练上的单调生活，那种甚至可以白加黑、五加二的农村寄宿制学校，或许"拴"得住人，未必留得住孩子们的心。

汤勇说："能留住孩子心的好学校，绝不是培养考试机器和听话的奴仆的地方，绝不是文明的监狱、心灵的枷锁，而是师生精神的寄居之地、灵魂的充盈之所。"

"能留得住孩子心的学校，要有优美的育人环境。"阆中的乡村学校并没有高大的建筑、气派的装潢，也没有塑胶跑道，一点都不"高大上"，但那黛青的瓦、白色的墙、一溜排开的平房、一进或几进院落，与周围的青山绿水很和谐。校园里干净清爽，整洁舒适，温馨亮丽，孩子们来到这里就跟回到家一样。

"能留住孩子心的好学校，要有浓郁的文化氛围。"不用说"三谯园""凌云道""状元洞""广识阁""木兰广场""兰亭洗砚池"这些有着深厚文化根基的校园文化景观，只需看看孩子们给自己寝室取的"居里室""相对居""舒服家""简朴寨""将军庙"这些房间名，都能品咂出点文化的味道。木兰镇是蜀中花木兰——韩娥的故里，木兰镇中心校充分挖掘本土文化资源，建起"木兰文化园"，将韩娥替父从军的故事通过壁画、文字、诗词、景观等形式展现，与祭扫木兰墓、舞木兰剑、打木兰拳、绘木兰画、讲木兰故事、写木兰诗等活动相融合，对学生进行爱家乡、弘扬"木兰精神"的教育与文化熏陶。老观镇中心校挖掘本土西汉时历史文化名人谯隆、谯玄、谯瑛及奉国学堂、两座北魏时期的石狮等文化资源，建起三谯文化园、奉国学堂，传承本土文化与国学文化，并提炼出“励志、崇德、奉国”的校训。

“能留得住孩子心的学校，要有芬芳的书香味道。”一所书香味道很浓的学校，即使校舍很简陋，它也完全有可能是一所孩子们喜欢的学校；一所重视阅读的学校，即使处于偏远乡村，它也完全有可能洋溢着幸福。阆中教育一直在推进的书香校园建设，就是在努力地为每一位孩子提供契合他精神发育的书籍，让每一个孩子养成阅读的习惯，让所有孩子都能拥有书香人生。构溪中心校六年级学生王雨彤，她很小的时候父母就离婚了，妈妈离开了她，爸爸经常外出打工挣钱养家，她从小和爷爷奶奶生活，爷爷奶奶没有文化。她性格内向，平时沉默寡言，不爱和人说话，遇到陌生人就胆怯脸红。通过快乐阅读、讲故事等活动，王雨彤的性格变得开朗起来，能与同学相处，对读书更加热爱。每当看到什么好书，都会推荐给其他同学，和他们一起分享书中的快乐，她还被评为了学校的“书香学生”呢！

“能留得住孩子心的学校，要有卓越的校本课程。”课程开发其实离我们并不远。阆中学校的校本课程非常丰富，像经典诵读、日行一善、文明礼仪、传统节庆、每日一歌这些课程，就是把日常教育系列化；像手工制作、科技创新、劳动实践、社会实践这些课程，就是把特色活动课程化；像传统曲艺、民歌小调、农耕文化、乡土体育、民风民俗、阆中诗词这些课程，就是对地方文化挖掘、整理与传承。这些做法，使课程体系得到了不断丰富和完善。

小垭中心校反思发现，学生爱唱流行歌曲，而对我国特有的戏曲、曲艺却知之甚少，学校艺术教育与社区文化交流融合也基本脱节，当地民俗文化正在逐步消亡，传人也越来越少，开展具有民族与地方民俗特色的艺术教育显得尤为迫切。他们充分利用戏曲爱好教师资源，研发了戏曲梨园文化课程《梨园春秋》，介绍戏曲知识，办梨园春秋报，设梨园专栏，建梨园阅览区，创脸谱门板文化，开展戏曲选段教唱、演唱兴趣活动……

有这样一个小故事，2012 年上半年，何凯老师所带的七年级学生在第七、第八节课参加了学校举办的梨园社团活动，班上学生李霖的家长从外地务工回家看孩子，看见孩子正在梨园社团练习唱腔，当时就对指导老师说："孩子们是来学校学习的，不是来唱戏的！"还与指导老师发生了一些小争执。路过的杨雄校长发现了，把家长邀请到了校长办公室，对他苦口婆心地开导。当时，杨校长铿锵有力地说了一句话："等中考的时候用成绩来验证今天的行动。"2014 年中考成绩发布了，最终李霖同学以 619 分的成绩超出了特重高分数线并被阆中中学录取。

清泉乡中心校利用美术教师资源，开设了雕刻版画课程。汤勇局长到该校视察工作，对校长岳鹏程说："能否让雕刻版画社团的孩子们给局机关工作人员每人制作一幅肖像版画？"在老师的指导下，孩子们动手行动起来，以照片为蓝本，不到一月的课余时间，做成了 53 张机关工作人员的肖像版画，那张张肖像，神形活灵活现，惟妙惟肖，肖像版画墙成为机关文化中一道亮丽的风景。像云台中心校的刺绣课程、纸浆画课程，护垭中心校的剪纸课程，二龙镇小学的泥塑课程，大庆中心校的烹饪课程，柏垭中学的灯谜课程，妙高镇中心校的构溪河湿地保护课程，鹤峰乡中心校的鹤鸣文化课程，金子乡中心校的和美文化课程，千佛镇小学的童话课程，博树回族乡中心校的木球民族体育课程等，都各具特色。

水观镇中学邓建平老师的快乐数学童话课程，则是对国家课程的校本化、师本化、个性化探索。他根据数学内容枯燥乏味、学生很容易厌学的实际，巧妙地将音乐、歌谣、漫画、谜语、诗歌、故事、扑克与数学内容结合在一起，让学生在不知

◎用瓦片画脸谱，乡村小规模学校的艺术教育就是可以这样就地取材

不觉中爱上数学，快乐学习。他创作的数学童话故事《小猫又钓鱼》共26章，自筹资金4万元，在成都找了一家漫画公司，将数学童话文本绘制成漫画绘本。学生们阅读起来，爱不释手，兴趣盎然。他的数学童话《八戒学数学》，在阆中《名城教育》杂志上连载，获得社会的广泛赞誉。

“能留得住孩子心的学校，要有高质量的有效课堂。”所谓“有效课堂”，那就是“四有”——课前有期待、课中有创造、课后有回味、师生有成长；“四动”——教师能动、学生主动、师生互动、课堂生动；“四变”——教师变地位、教育变简单、课堂变有效、学习变轻松，最终实现“学讲结合、关系和谐、气氛融洽、质量不错、负担不重”的效果。阆中推行的“有效课堂”并没有固定的模式，老师们可以根据不同学科、不同学段、不同校情学情而创新创造，是一种开放的课程改革实践。

“能留得住孩子心的学校，要有综合的素质评价。”有什么样的评价，就有什么样的教育。阆中一直施行的是学生“综合素质评价”，实施“思想品德评一评”，通过行为观察、表现记录、访谈问卷、自评互评等评定操行等级，形成学生成长档案；“学业水平考一考”，小学低年级试行无纸化考试，其他学段实行笔试与口试、考试与考查相结合，综合评定等；“体质健康测一测”，坚持严格按照《国家学生体质健康标准》，学校全员自测与教育主管部门抽样检测相结合；“特长才艺演一演”，按照任课教师或学生个人申报，主管部门组织现场表演、作品实物展示等方式确定学生特长才艺成长等级；“实践能力做一做”，现场评价学生手工制作、实验操作等动手能力，资料印证学生参与社会实践的能力……这不仅让每门课程都变得同等重要，更让孩子们在获得满意分数的同时，拥有了良好的品行、阳光的心态、健康的体魄、实践的能力、创新的素养，也给孩子们创造了更多生命出彩的机会，给学生们搭建了绽放异彩的平台。

“能留得住孩子心的学校，更要有丰富的社团活动。”在这一点上，洪山镇小学校长李云安感触最深。有一年开学，洪山镇上一家诊所的医生带上女儿找他办转学，要求“转到城里去”。李云安熟悉那个医生的家境，也了解孩子的学习情况。“你又不需要进城务工，娃娃在学校学得也不错，为什么要转走呢？”李校长很困惑。家长说：“这孩子随我，从小喜欢音乐，想学二胡。我呢水平有限，学校又没这个条件。我想转到城里上学，不管学校有没有这项兴趣活动，好歹可以给她找个辅导老师、报个培训班什么的。”偌大一所学校，却盛不下孩子一个小小的梦，李校长一脸尴尬。

“教育一旦让人失望了，社会就会给出‘差评’，家长就会重新选择，生源就会主动外流。”李云安校长对老师们讲，“绝不能让社团活动成为城市教育、城市学生才有的特殊待遇。”

反思，改变，行动。洪山镇小学面向全校学生家长问卷调查，根据活动意愿，结合学校实际，陆续成立起17个活动社团，保证每个学生都至少有一项社团活动可以参加，每天都能至少活动一小时。

专业老师缺乏、功能室不够、设备太贵，这是乡村学校拒绝开展丰富课外活动的普遍“借口”，但在阆中却不成其为理由。“辅导老师不专业没关系，师生一起学；设备不理想没关系，有课程、有师生，就有快乐；没有固定功能室，也没关系，食堂、教室也能一室多用。”

阆中市每一所学校都根据自身实际，为孩子们提供了丰富多彩的社团活动。思依镇小学有 20 多个社团，科技特色鲜明。学校鼓励老师外出学习“特长”，但要学会才能报销费用。科学教师何华清 49 岁了，原来是教数学的，4 年来，他指导的学生在大大小小的科技创新大赛中拿到了 50 多个奖项。该校每年有持续一周的科技节，朴素好玩，比如：扔纸飞机比赛，在规定的时间内用扑克牌搭高架比赛，“鸡蛋撞地球”——看谁能从二楼以上抛下生鸡蛋，不但不碎，而且能做到包装轻巧、设计美观、精准落地。垭口乡中心学校有 170 多名中小学生，其中 80 多人参加了雕刻和剪纸的社团，校园里处处可见他们的作品，包括一幅面积约 6 平方米的“56 个民族一家亲”的剪纸作品。乡卫生院慕名而来，请师生们雕刻李时珍、孙思邈等古今医药界的名人，用来装扮医院大楼。

社团活动的常态开展，既丰富了校园生活，使校园生机勃勃，又培养了孩子们的兴趣爱好和个性特长，既让孩子们爱上了学校，爱上了学习，又让他们找到了志同道合的伙伴，在活动中共同参与，共同成长，既迸发了他们的智慧与活力，又让每一个孩子都变得阳光与自信，让每一个孩子都抬得起头来。

（四）做一个“有职业幸福感”的乡村教育者

这些年，阆中市教育局千方百计帮助教师尤其是乡村教师解决实际问题，包括提高工作待遇，创造舒适的生活环境，营造和谐的工作氛围，开展丰富多彩的职工活动……让“播种幸福的人先幸福起来”。教师们觉得在这里工作是一种享受，一种自我实现，一种心灵写诗，他们称自己是“幸福的行者”。

2014年初，汤勇走进构溪小学一位58岁的老教师房间，看到他把课桌当书桌，睡的是简易木板床，很心酸。“这是我的失职。”汤勇说，“老师们在用心做教育，我们没有做好保障。没有基本的物质条件，哪有教师的幸福可言呢？”他通过多方努力，争取到1000多万元，给76所农村学校配置了3400多套“四件套”——书桌、椅子、书柜和床。

头发灰白的李晓校长年届五十，在乡村已工作20多年，目睹了许多教师的来来去去。“要留住他们，必须改善学校条件。”

李晓担任校长的金城乡中心校，是在20世纪80年代，师生们开山辟地、烧砖烧瓦，没花政府的钱建起来的。2009年，从乐山师范学院毕业的郭武国以特岗教师的身份来到金城乡时，学校杂草丛生，遇下雨天得踩着石头、纸板才好走路，寝室因为常年漏雨，墙壁上长了青苔。郭武国曾产生过尽快离开的想法，但后来随着学校旧貌换新颜而打消了。

郭武国如今住的是重新做了防水防潮处理的房子，古色古香，不用再闻刺鼻的旱厕味儿。学校开辟了以梅兰竹菊命名的4个小园子，里面种植了乡政府赠送的树苗和花卉。“兰亭园”尤其惹人注目，有鱼池，可以垂钓，还有亭台——由原先两间堆放杂物的瓦房改造而成，内置沙发、电视和图书，校长还打算买一台咖啡机，在亭子旁边装上健身器材。

阆中市越来越多的乡村教师住上了周转房。近年来，教育局为31所农村学校建成教师周转房36269平方米，共875套。搬进35平方米左右、配有卫生间和厨房、安装有天然气的套间后，“老师们的精气神儿都不一样了”。不少乡村教师在城里买了房子，但自从住进新房后，一些人都不愿意周末折腾回城了。

特岗教师是阆中乡村教师补充的主要来源。市教育局每年都会召开“特岗教师新春座谈会”，与他们一道欢度佳节。汤勇还特别叮嘱校长们：“不关心特岗教师的校长不是好校长！”教育工会适时开展“非诚勿扰”活动，为他们牵线当红娘，学校双职工主动为新婚教师让出双居室……

年轻教师少有生活的顾虑，而他们的专业特长却有大的施展空间。得益于阆中学校的内涵发展，他们很快成为社团活动的孩子王、文化建设的生力军，成为老师中的老师——培训中老年教师普通话、计算机、工间操……他们觉得在学校受人尊重，有地位。近10年来阆中补充了3000余名新教师，少有离开。

阆中乡村教师专业阅读、专业写作、专业反思蔚然成风，有力促进了乡村教师的专业成长。职业能力的提升，让乡村教师体验到职业的尊严、价值与幸福。

2012年9月，彭城镇中心校因生源萎缩而停办闲置的城郊碑垭校点，这个校点占地近20亩，镇政府决定征用，市政府也希望教育局顾全大局，配合招商引资，将此地用于商业开发。汤勇局长闻讯后寸步不让，把它变成了全市3000多名离退休教师的活动基地。城乡离退休教师可以到这里来看书、娱乐、开展文体活动，这里可提供吃、住，低成本运行。陈列馆里，许多乡村老教师的心血之作、心爱之物原汁原味，琳琅满目，成为乡村教师精神承传和激励后来者的圣地。

阆中教育建立实施薄弱学校动态改造机制、边远学校项目倾斜机制，越是偏远的地方越要高看一眼，越是薄弱的学校越要厚爱三分，这让那里的校长们并不感到悲观和落寞。教育局实施的旱厕改造工程，让一度臭气难闻的学校旱厕变成了清爽的水冲式厕所。所实施的农村小规模学校“经费保底”制度——生源不足300人的学校一律按20万元的公用经费标准补足，更是让这类学校的校长们办学底气十足。像云台中心校只有70来个学生，校长廖由荣每年有20万元可以自主支配，几年下来，学校发展得越来越精致，越来越有内涵。

有了教师职业的幸福感，有了对乡村教育的认同、对乡村学校的眷恋和对乡村学生的牵挂，乡村学校的校长、教师们可以心无旁骛，静下心来，扎根山乡，潜心育人。

（五）还留守儿童一个“精心呵护”的童年

2009年，阆中市教育局自办杂志《名城教育》上，刊载文章《留守学生：我的妈妈是相片》，文章作者——狮子中心学校教师李晓琴在文章中有这样的记叙：

> 一次，学校幼儿老师问一位4岁的小女孩：“小朋友，你妈妈叫什么名字啊？”孩子很稚气地说：“叫相片。”

像这样在孩子尚且不晓人事时父母离他们而去的例子并

不鲜见。从此，爸爸妈妈就成了挂在墙上的相片、电话那头陌生的声音。有孩子这样唱："世上只有奶奶好，爸爸妈妈到处跑……"

这个"我的妈妈是相片"的故事，深深刺痛了阆中教育人的心。他们一边借助阆中教科频道《教育在线》、阆中电视台《第一演播室》、阆中教育春晚节目《丹丹的生日》，向家庭、社会传达关爱留守学生的呼吁，一边积极创造快乐而幸福的教育生活，力求让孩子们的亲情得到代偿、心灵得到抚慰、生活得到照料。

治平乡中心学校70%的学生家长长年在外务工。"因为留守，使得这些孩子的活动空间狭小，生活方式单调，生命缺乏色彩"，正是出于这样的考量，学校提出要让留守儿童"参与多彩的活动，享受多彩的生活，拥抱多彩的童年"。于是，基于学科教学的课本剧表演，基于艺术课程的舞蹈、合唱、书画、手工，基于乡村特色的滚铁环、打陀螺、编竹篾……凡属学生喜好的活动，都尽可能开展起来，让每一个孩子都有活动可参加，让每一个日子都有活动在进行。

2013年，该校被确定为"乡村少年宫"项目学校，活动阵地建设得到进一步加强。即便到了周末节假日，少年宫学校也向乡村儿童开放，孩子们可以在这里来看一场电影，打一场球，读几本书，练习吹奏几支曲子……负责活动开放的，有老师，有学生，也有学校周围的住户。学校附近有个退伍老兵，曾在部队文工团，军号、唢呐都吹得很好，学校把他请来，周间担任器乐老师，周末交孩子们军体拳。

生活教育对留守儿童尤其重要。阆中的乡村学校结合地方课程《生命·生活与安全》，加强对留守儿童的安全自护教育、生活自理教育、劳动体验教育、社会实践教育等，开展“我来当天家”“我的寝室我做主”等主题教育实践活动，培养留守儿童自立自强、自尊自爱的意识与良好的生活、卫生习惯，提高其生活生存适应能力。

木兰镇中心校针对升钟湖库区庙子岩村隔河留守学生居住分散、路途遥远、乘船过湖的上下学安全问题，多次与木兰镇党委政府、庙子岩村党支部村委会协商，召开联席会议，最终达成共识：政府为隔河学生购置救生衣，庙子岩村委负责安排船只船工接送学生及做好隔河学生家长工作，学校负责把隔河学生送至河边，并层层签订安全责任书。每学期开学时学校老师都要到庙子岩村去召开隔河学生家长会、慰问船工，10 多年来从未发生一起安全责任事故。

就是在学生寄宿安排这个小细节上，一些学校也很用心。他们尝试打破年级界限，让来自同一个村子或者同一个路队的孩子，不分学龄高低交叉住在一起。低年级学生住下铺，高年级学生住上铺，大孩子照顾学弟、学妹，有了责任心；小孩子亲近大哥哥大姐姐，有了安全感。这种同伴互助的生活教育，只要教育得法，还有助于孩子人格完善。

阆中对留守儿童进行了深入调查，逐一建档建卡，实施精准帮教。各学校建立了留守儿童代理家长、爱心结对帮扶机制。班主任、老师与留守儿童结对，实行代理家长制，开展亲情补偿、精神关怀、生活关心、学业辅导、爱心捐赠、手拉手帮扶等活动。对重点留守儿童实行“一帮一”，给予特殊关照，使留守儿童在安全的环境中健康成长。团市委采取志愿者结对帮扶和流动服务等形式，开展留守学生关爱志愿者活动 100 余人次，志愿服务呈现常态化、规模化、品牌化特征。面向社会全面启动了以“留守不孤单、爱心助成长”为主题的送温暖帮扶亲情定制行动。征集“知心哥哥、姐姐”和“代理家长”，与 500 名农村困难留守学生一对一组成“代理家庭”，开展关爱工作。根据留守学生心理素质、学习生活等方面的实际所需，统一制作了“爱心联系卡”，以“亲情定制”的方式与留守儿童开展功课辅导，教孩子们唱歌、绘画、做家务等。

“以财政资助为主体、社会资助为补充”的贫困留守儿童资助体系，确保不因家庭经济困难而失学。“金色梦想 · 成长之旅”留守学生夏令营、六一“鸿雁传情”“留守学生心愿航班”、“乡村 · 中国梦”爱心素质拓展计划等活动，也让留守儿童切实感受到社会大家庭带来的温暖。

十几年来，阆中教育人正是带着一颗朴素的教育心，坚守教育的良知使命，执着于对幸福教育的追求。十年磨一剑，十年的用心与付出，换来的是教育深度的改变。

（六）十年磨剑，一方教育生态的根本性改变

每一位孩子都阳光自信，活泼可爱，都有了一张张天真烂漫的笑脸，一双双水灵灵的眼睛，都感受到了成长的快乐与愉悦。

每一位教育人都视职业为事业，都有了专业成长的自觉，都把教育生活演绎得有滋有味，都感受到了职业的尊严与幸福。

每一个校园都环境优美，干净整洁，高雅清爽，都有了浓郁的文化氛围。扑鼻的书香气息，和谐的人际关系，校园成了孩子们美丽的花园、魅力的学园、成长的乐园、温馨的家园和幸福的田园。

阆中区域教育生态有效改善，持续良好。教育不再仅有分数，也不再是死整蛮干，教育生活不再是单调枯燥，令人乏味，而是被演绎得多姿多彩、幸福完整、美丽动人。让师生过上一种快乐而幸福的教育生活，得到了印证与实现。

阆中教育人在耕耘守望中，也收获着一个个让人感动的幸福瞬间：

2012 年 5 月，被省委、省政府表彰为“四川省教育工作先进县”，义务教育均衡发展在全省作经验交流；

2012 年 9 月，被国务院表彰为“全国‘两基’工作先进地区”；

2013 年 12 月，被 21 世纪教育发展研究院、中国陶行知研究会评选为“中国 2013 美丽乡村教育”；

2015 年 5 月 4 日，《中国青年报》以“让乡村学校朴素而体面地活着”为题整版报道阆中乡村教育；

2015 年 9 月，阆中义务教育均衡发展顺利通过国家验收；

2015 年 12 月，阆中“县域乡村教育创新发展机制”参展北京师范大学举办的首届中国教育创新成果公益博览会；

2015 年 12 月，阆中受邀参加 21 世纪教育研究院举办的

“中国农村小规模学校联盟首届年会”并作经验交流；

2015 年 12 月 26 日，阆中“改善乡村教育生态为农村孩子未来奠基”案例，被评为第四届全国“教育改革创新典型案例优秀奖”；

2015 年。《四川教育》第 12 期以“追求朴素，成就幸福”为题对阆中乡村教育进行了专题报道；

2016 年,《教育家》杂志 1 月刊以近 80 页的篇幅对阆中乡村教育进行了深度报道；

2016 年 1 月 7 日至 10 日，中国陶行知研究会召开“阆中朴素而幸福的乡村教育”全国现场推介会，来自 18 个省（市、自治区）共计 500 余名教育官员、学者、陶研专家、校长、老师代表，以及国内十余家媒体记者汇聚阆中，实地探寻“阆中教育奇迹”背后的故事；

2016 年 1 月 27 日《中国教育报》头版，2016 年 2 月 3 日《中国教师报》头版，分别发表《教育的“乡愁”在这里安放》《阆中：办朴素而幸福的乡村教育》，引发教育界对阆中乡村教育的再度关注；

2016 年 5 月，中国陶行知研究会农村教育实验专委会秘书处从安徽黄山移师四川阆中，汤勇担任中国陶行知研究会农村教育实验专委会理事长；

2016 年 11 月 19 日，在国家行政学院举行的以“乡村文明复兴与有根的乡村教育”为主题的第四届中国乡村文明发展论坛上，阆中“立足乡土的乡村幸福教育”荣膺“有根的乡村教育创新奖”；

2016年12月18日，由21世纪教育研究院等多家单位发起的“第五届地方教育制度创新奖”公益评选活动中，阆中荣获“第五届地方教育制度创新优胜奖”。

十届全国人大常委会副委员长、中国关心下一代工作委员会主任顾秀莲，全国政协原副主席李蒙、张梅颖，全国人大常委会委员、教科文卫委员会主任委员、国家新闻出版总署原署长柳斌杰，北京大学原校长周其凤，全国政协副秘书长、民进中央副主席朱永新，21世纪教育研究院院长、国家教育咨询委员会委员杨东平，国家总督学顾问陶西平等，以及全国各地乡村教育考察团纷至沓来，人们在这里看到了乡村教育今天依旧旺盛的生命力和不竭的生长力，看到了陶行知生活教育、平民教育在新时期的样板和典范，更看到了这一方教育人对朴素教育的执着坚守、对幸福教育的不懈追求、对乡村教育的一往情深。杨东平先生2013年来到阆中，在考察了十几所乡村学校后，他评价道：“阆中的农村学校犹如山野乡间汁液饱满、生动鲜活的奇葩，是第一线的教育家写在大地上的色彩斑斓的答卷。”并题赠四个字“妙不可言”。中国陶行知研究会副会长孟凡杰称赞阆中教育“为中国农村教育把脉，定向提供新鲜经验，阆中的实验成果能够为全国农村教育探索起到引领、推动、带动作用”，会长朱小蔓认为“阆中教育很大程度上为破解我国当前‘素质教育推进’‘教育均衡发展’‘乡村教育出路’三大难题闯出了一条既适合自己、也具有很大普遍意义和借鉴价值的路子”。她还在多个场合讲：“阆中朴素而幸福的乡村教育，是陶行知生活教育在当今的一个样板和示范。”

有梦想就有希望，有付出就有收获，有坚持必有奇迹。行走在朴素而幸福的乡村教育路上，阆中教育人将永远不停步，永远在路上；而且坚信，只要方向对了，就永远不怕路途的遥远……

刘光泽　陈恩礼　四川省阆中市教育和科学技术局

十

用良好的校风影响家风改变民风

江西弋阳

当前，乡村教育遭遇这种现状：学校越来越小，学生越来越少，老师越来越老；乡村教育存在这些问题：教育质量低下，教师职业倦怠，专业意识淡薄，学生厌学严重，家校矛盾突出等。这些逐渐成为制约城乡义务教育均衡发展的瓶颈。我们不禁发出疑问：乡村教育的出路在哪里？

为寻找出路，国务院开出了义务教育一体化改革发展的良方，继 2012 年下发《关于深入推进义务教育均衡发展的意见》（国发〔2012〕48 号）之后，于 2016 年再度出台了《关于统筹推进县域内城乡义务教育一体化改革发展的若干意见》，全面深入推进县域内城乡义务教育均衡发展。习近平总书记在党的十九大报告中指出，“推动城乡义务教育一体化发展，高度重视农村义务教育”，对农村教育的地位进行了强调，为农村教育的发展指明了方向。

为寻找出路，弋阳，一座位于江西东北部的人口小县、财政弱县，通过构建“以良好的校风影响家风改变民风”的美好教育愿景，以“让弋阳的孩子在家门口接受良好的教育，让弋阳的教师走专业化发展的道路，让弋阳的教育成为弋阳人的骄傲”为发展目标，站在“四个立场”，构筑乡村教育的“四个成就”，努力办好孩子们家门口的学校，全力打造和谐共进的教育生态，成功闯出了一条统筹县域内城乡教育一体化改革发展的新路。

（一）站在民生的立场，成就城乡教育的均衡发展

1. 政策开路，优先保障义务教育发展

自2016年，弋阳县委、县政府始终把教育作为最大民生工程来抓，将教育工作列入每年的县委全会工作报告、政府工作报告、科学发展观考评进行部署落实。成立了党政主要领导任组长的教育工作改革领导小组，建立了县级党政领导联系学校和定期调研教育工作机制、乡镇及部门主要领导履行教育职责述职及约谈机制，为教育发展提供了强有力的组织保障和政策支撑。

科学定位，追求“均衡”。科学定位义务教育，即明确县域义务教育是基础性保障，普惠性服务，公平性选择，均衡性发展；明确县域义务教育整体规划，统筹分配，全面提升，因地制宜；明确县域义务教育学校科学布点，合理流动，内涵发展，制度引领。

明确了义务教育的最大价值追求在于“均衡”。把扶贫帮弱顾小作为对县域内义务教育的本分责任，把经费、项目和师资向乡村学校倾斜，不“人为”打造优质校、大规模校、豪华校、中心城区校，确立以硬件投入为基础，以师资建设为关键，

以学生成长为核心，以家校合作为抓手的县域内义务教育学校发展思路。

以有限的财力提供最大的支持。弋阳县委、人大、政府、政协四套班子主要领导，以及分管教育领导调研教育成常态，并定期召开教育工作专题会议，研究解决教师职称高职低聘、教师编制配备、教师补充渠道等制约教育发展的一系列问题。同时，制定教育发展规划，在新城区为学校建设预留充足的教育用地。

3 年来，弋阳县人民政府教育经费累计投入 20.56 亿元，年均增长 30% 以上，相当于该县一年半的财政收入总和。同时，先后解决教师编制、职称、绩效工资等问题 30 多个，削减教育建设规费 1500 多万元，优先保障教育设施用地指标 1000 余亩（占全县用地指标三分之一）。政府在有限的财力下，千方百计加大义务教育经费投入，对教育给予最大的支持。

2. 环境开路，建设美化义务教育学校

按照“校园规划科学化，校园建设标准化，校园文化品位化、校园生活家庭化”的校园建设目标，全力推进“全面改薄”工程，取得阶段性成果，全县中小学办学条件发生了根本性的变化。

为学校建设开辟“绿色通道”。弋阳县政府召开专门会议，研究简化中小学建设项目行政审批手续，对中小学校舍建设规费的收费项目、收费标准作了大幅度的减免，有效减轻了乡镇学校的负担，对 50 万元（含 50 万元）以下的工程项目简化行政审批手续。当地规划、国土等部门及时落实学校规划、用地

等手续，优先保障解决土地指标。当地城建、发改、环保、水保、地震、气象、消防等部门在办理教育建设项目手续中，认真落实建设规费减免政策，主动开辟“绿色通道”。

实施好上级校建政策项目。弋阳县政府从有限的财力中，投入全面改善贫困地区义务教育薄弱学校基本办学条件资金21750万元，其中投入农村中小学资金16500万元。对全县170所义务教育阶段学校进行“全面改薄”建设和标准化建设，新建改造校舍面积137477平方米，其中教学及辅助用房112710平方米，生活用房15840平方米，行政办公用房8927平方米。统筹资金3500余万元。

◎弋阳二中

◎谢叠山小学

新建改扩建城镇学校。弋阳县政府为适应新型城镇化进程对学生学位的需求，科学规划，新建了城南谢叠山小学，扩建了城南二中、城北连胜学校，新增加义务教育阶段学生学位6000多个，基本满足了当地城镇化进程对学生新增学位的需求。2016年，弋阳县人民政府对城区义务教育学校布局再次作出调整规划，计划2017年在城南新区新建一所九年一贯制学校。

全力推进教育信息化进程。近3年，弋阳县统筹资金790余万元，用于构建以县域为单位的中心小学以上学校的数字化智慧校园教育城域网及教育信息化硬件设施配套建设。至2016年9月底，全县中小学开展了“宽带网络校校通、优质教育资源班班通、网络空间人人通和教育管理信息平台、教育资源公共服务平台”，即“三通两平台”建设工程。总计配备班班通设备1175套，建设计算机网络教室30间，校园广播系统建设73套，校园安全视频监控系统45套，录播教室14套。完成50所村完小标准化建设，配备触摸屏教学一体机368台，71所完小和教学点的数字教育资源全覆盖。全县义务教育阶段学校基本上实现了宽带网络校校通、教育资源班班通、学习空间人人通。同时，借助电信公司免费提供县级中心机房建设场地、设备投入、维护和技术支持，整合校园安全管理监控平台。免费升级学校光纤接入和宽带，对于偏远山区教学点利用无线网、3G、4G等网络技术接入互联网络。开放智慧校园教育资源云平台到每个班级，免费整合全国优秀教育共享资源和教育管理应用系统。采取服务外包的方式，与企业签订统一的教育信息技术设备维护合作协议，确保学校设备的正常运行。2017年，腾讯公司“智慧校园”项目试点县正式落户弋阳，借助其功能，再次加快中小学实现了教育、教学、安全、家校合作等日常管理的智能化。弋阳县创新“三通两平台”建设，提升乡村学校信息化水平，促进优质资源共享，得到了中央电教馆和江西省电教馆的高度肯定和评价，并被设为全国教育技术服务支持体系试点县。

3. 编制开路，切实保障乡村学校师资

3 年来，弋阳县一次性解决教师职称已评未聘人员 330 多名，新建 100 余套城区教师棚改房和 500 余套乡村教师交流房，教师人均工资增长 2.4 倍，教师工资年增长金额超过 1 亿元，教师职业成就感和社会认同感显著提升。

乡村教师数量增加。为做好基础教育发展的师资队伍保障工作，提高教师队伍素质，尤其是乡村教师的补充更新，弋阳县委、县政府、县人大、县政协等主要领导开展了多次调研。通过主动协调人事、财政、编办等部门，逐年增加新教师补充计划数，积极向上级争取各种渠道的教师补充计划数。近年来，全县通过统一招聘、农村中小学教师定向培养、“三支一扶”支教、“特岗教师”招聘、高学历人才引进等多种途径，新增教师 730 余人。其中，2014—2016 年，弋阳县共计补充了 469 名中小学教师（其中，面向社会招聘 168 人，师范定向安置 114 人，“三支一扶”支教 104 人，招聘特岗教师 68 人，人才引进 7 人，其他增加 8 人）。补充教师全部分配到农村缺编学校任教，在农村任教满 5 年、考核合格才可以参加县城学校教师招聘。这一制度性做法成功化解了全县乡村学校师资紧张的燃眉之急，有效解决了农村学校师资不足的问题，保持了农村学校教师的相对稳定，促进了乡村学校和城区学校间师资配置的均衡，有效提升了乡村教师队伍综合素质。

乡村教师待遇提高。近 3 年，弋阳县人民政府不断提高教

师待遇，严格执行教师工资水平不低于当地公务员水平的标准，同时还为义务教育阶段学校教师发放了第十三个月的奖励性绩效。为边远农村学校教师发放边远地区特殊津贴。2014 年以来，该县为艰苦边远农村中小学教师发放特殊津贴达 1099.5 万元。2016 年，弋阳县教师平均工资水平达 63074 元，绩效工资达 29400 元，全县教师待遇全部由县财政兜底支出。

近 3 年，弋阳县解决已评未聘人员 410 余人，均已受聘到相应岗位，有效提高了教师工作积极性。在教师职称晋级、评优评先、进修培训等涉及教师切身利益的方面向乡村教师倾斜，不断发现、挖掘身边乡村优秀教师典型。一批乡村教师荣获“教师楷模”“伯雄园丁奖”，每人分别奖励 10000 元和 5000 元。乡村教师李凤英被评为全国优秀教师，乡村教师赖永梅被评为省师德先进教师，乡村教师周冬和被评为省模范教师，乡村学校校长汪水辉荣获省五一劳动奖章。

乡村教师水平提高。2013 年以来，在弋阳县教体局推动下，教师自发成立“名师工作室”“班主任专业协会”“教育心理协会”“家校合作协会”“教育梦龟峰读书联盟”“信息技术协会”等民间专业协会，教师自愿参加不同的专业协会，促进教师专业成长。2014 年弋阳举办融入县域文化符号的“叠山书院论坛”。从第一期“孔子教育思想与现代教育”的论坛主题，至今已举办 11 期，通过讲学式、案例式、辩论式、对话式，教师通过论坛展示自我和分享思想。2015 年《教师博览》首届全国读书论坛、全民阅读推进会暨大夏书系读书节、全国小学语文主题学习年会、江西省中小学班主任育人风采大赛，2016 年中

◎《教师博览》首届读书论坛

国陶行知研究会“弋阳乡村教育以良好的校风影响家风改变民风”全国现场推介会暨中国陶行知研究会农村教育实验专业委员会年会（以下简称“中陶会推介会”）等高规格活动在弋阳举行，为教师专业成长提供了广阔舞台和展示机会。2016 年以来，全县开展“底线课堂”教学活动，制定底线课堂要求，全体教师守住课堂底线，守住教育底线，关注后进教师与学生，促进教师均衡发展。

（二）站在学生的立场，成就乡村学生的快乐成长

弋阳县给城镇学校全面“瘦身”，大量在城镇学校就读的农村学生“回流”乡村，不少乡村学校在两三年时间内学生总数实现翻倍。城乡义务教育巩固率全面提升，初中巩固率提高了 6.34%。每年至少减少 200 名学生因辍学而流入社会。与 2012 年相比，2015 年全县小学生总数增加了 4913 人，其中

70.61% 的增长在农村；初中生增加了 1360 人，其中 88.82% 的增长在农村。在校生比例，农村学校增长了 5.09%，城区学校下降了 5.09%。《中国教育报》《中国教师报》《江西日报》等省内外主流媒体对此“怪象”纷纷进行了报道。

1. 规范城区学校招生行为，让学生享有公平的受教育机会

2013 年以来，弋阳在治理非正常跨学区择校涌进县城学校就学的“乱象”中，严格要求各中小学执行划片招生、免试就近入学政策。同时，弋阳县教体局把规范城区招生工作主动向县政府进行专题汇报。在得到地方政府的肯定与支持下，弋阳县教体局出台《弋阳县城区中小学招生工作实施意见》，全面规范县城义务教育学校招生行为。同时，由县政府牵头，联合城管、交通、人事、房管等职能部门参与，真正做到让每一个进城务工、经商、购房等人员的子女能够就近入学。规范城区义务教育学校招生工作开展以来，全县乡村学生有序流动。3 年来，疏导非正常跨学区择校学生 2000 多人，解决“三类”(进城务工、经商、购房）人员子女进城入学 2400 多人，城区学校大班额得到有效控制，初中从原来平均班级人数 72 人，最大班额近 90 人，到现在平均班级人数低于 55 人，最大班额不到 58 人；小学从原来平均班级人数 70 人，最大班额也同样近 90 人，到现在平均班级人数低于 60 人，最大班额 63 人。

2. 改革评价体系，多把尺子评价，注重学生综合素质培养

2013 年，弋阳县逐步建立了综合评价代替单一评价、后进生评价代替优秀生评价机制。

后进生评价代替优秀生评价。突出控辍率、后 20% 关爱率、

合格率，取消优秀率评价，考试卷面设立百分制（考试成绩和卷面整洁度各设立 100 分来评价），既注重学生对知识的把握，又注重学生书面习惯的培养。

用综合评价代替单一评价。建立文化学科素养、体育素养、音乐素养、美术素养、语文阅读素养、书写素养、英语口语素养、实验操作素养等相结合的综合评价体系。目前，弋阳县已经形成了各类素养展示的评价体系。

用等级评价代替名次评价。等级评价分小学、初中学段，分城区、农村系列，分学校、班级、教师三个层面。评价总体原则是将成绩转化为等级，各项指标均分为 A、B、C、D 四个等级，在合理的差距内实行同一等级，同一等级内无名次之分，最后只是公布学校、班级、教师的检测等级。

评价机制改变，使学校和教师由只关注学生分数转变到关注学生全体、关注学生全面，注重学生综合素质培养。

3. 关注学生心理健康，开设丰富多彩的校本课程和校外生活课程

弋阳县通过与南昌大学合作，培养国家二级心理咨询师 32 名，组建弋阳县心理健康教育协会，并在学校中建设心理工作室 20 多个。协会针对学生心理健康教育在全县各校开展团体辅导、个人辅导活动和心理讲座，心理健康教育协会已经成为守护孩子心灵的天使。许多学校开设丰富多彩的乡土校本课程和活动，让学生的校园生活家庭化，让乡村教育主动融入乡村文明和文化当中，让乡村学校成为孩子记得住乡愁的地方。中畈中学“明星闪亮三十分”学生文艺活动、学生送戏下村课

◎逸夫教育集团学生跳蚤市场

程，一小的棋类课程，葛溪小学的武术课程，二小的戏曲活化石——弋阳腔课程，逸夫小学的生活技能课程，701 的绿色德育课程，港口小学的石头艺术课程，曹溪横桥小学的农耕文化课程，以及各学校的“小手牵大手”乡村清洁课程，漆工小学的红色课程，都成为弋阳教育生活课程的品牌。2015 年，逸夫教育集团的生活技能课程代表江西到北京参展。弋阳县通过开发“红古绿”三色校本课程，将乡村文明融入学校教育教学中，使乡村学校成为传承乡村文明的桥头堡和高地。

4. 关注关爱留守学生，不让他们被遗忘在角落里

农村教育问题中最不可忽视的一个问题就是留守儿童问题，这是制约农村教育发展的主观核心因素，成为地方教育发展及经济文化建设中的“拦路虎”。弋阳县在对待留守儿童问题中主动研究，热心帮助，在化解留守儿童问题中摸索出一条特色化的可行之路。

摸清留守学生现状。通过全面摸底，弋阳县留守儿童比例为41.64%，其中女生占比44.46%，而隔代监护是留守儿童监护形式中占比最大的一块，为84.64%。通过调查，留守儿童中成绩不理想、学习行为习惯差、容易沾染恶习等问题全部暴露了出来。弋阳县委、县政府高度关注，由弋阳县教体局牵头，民政局、关工委等部门共同参与，组织开展了留守儿童优秀案例的评选活动，留守儿童关爱教育现场会，为实施留守儿童教育与帮扶工作积累经验。

建立协同关爱机制。开展课堂教学改革，建立小组合作制学习与管理，开发适合学生的活动课程。与社区开展“防震减灾系列教育活动”，开办留守儿童监护人培训班，在防汛等特殊时期对留守儿童进行护送、帮扶，建立留守儿童之家，把关爱留守儿童的触角延伸到校外。将学校的食堂由原来的社会化全部收归学校统一管理，为留守儿童提供午餐，为留守儿童过集体生日或开个人生日派对，让留守学生在学校过上“家庭化”的生活。

组建学习共同体。全县各校每班把学生分成若干个周末学习互助小组，由家长轮流监督孩子的学习生活。据统计，弋阳县各校共设立372个周末学习互助小组。每个小组都由学校老师和村干部一起去指导、巡查。周末学习互助小组的建立，培养了孩子们良好的学习习惯和生活习惯，巧妙地解决了“2大于5”的教育问题。新华社对建立周末学习互助小组进行了报道。

建立“面对面交流”渠道。弋阳县积极组建班级微信群，充分利用班级微信群这个交流平台，在班会课期间借助班班通等设备，让学生与父母进行视频互动交流。学校和班级微信群的建立，解决了孩子和家长之间的情感需求。

通过对留守儿童关爱，弋阳留守儿童比例由2013年的50%以上，下降到2016年的41.64%，大约2800名家长回来陪伴孩子成长。弋阳县关爱留守儿童工作多次受到了《江西日报》和新华社等媒体的报道，并在教育部留守儿童教育关爱集中工作调研会上作为典型发言。

（三）站在教师的立场，成就教师的职业幸福

1. 实施“本土化培训 + 竞争式外培”培训模式

弋阳县政府高度重视教师培训学习工作，主动将教师培训经费列入财政支出预算，由县教师发展中心牵头组织实施。2013年以来，在完成国家和省、市的教师培训外，结合本县教育实际，弋阳县教体局分别组织开展了“点燃”“奔跑”“文化”为主题的大规模教师专业本土化培训，唤醒校长、教师、家长心中的“上”和“善”，唤醒广大教师的专业精神，点燃一线教师的工作激情，彻底解决教师职业懒散等问题。

“用身边的人培训身边的人，用身边的事感动身边的人。”弋阳县在每年寒暑假，对校级班子和全体教师进行集中封闭式培训，提高培训的针对性和实效性。2016年以来，又在全县全面铺开“底线课堂”，全县教师不论年龄，不论性别全员赛课；暑假开展“再生式”问题培训，以小组形式，以问题讨论展开，游戏、活动、茶歇穿插培训期间，深受培训人员的喜爱。为推

动教师本土化培训，县教体局局长带头开班讲座，先后举行培训讲座60余次，成为全县培训人数、培训课时最多的授课教师。全县270多名局领导、校长、教师陆续走上了培训讲台，成为教师心中的标杆和榜样。两年多来，弋阳举办教师本土化培训535场，培训教师1.36万人次，培训22.8万课时。

竞争式选拔外出学习人员。改革外出学习人员的选派方式，由原来的指派式转变为竞争选拔式，让真正想去学习的教师得到学习的机会，把外出培训学习变成教师成长的助力。近年来，弋阳先后选派40余批、500余人次校级领导和教师，分别到北京，上海，浙江杭州、建德、浦江、兰溪、安吉，山东潍坊、青岛、杜郎口，辽宁大连，天津，广东广州、深圳，福建厦门、长乐，贵州福泉，安徽合肥，湖北武穴，吉林长春，本省南昌、井冈山、宜春，及周边县市等地学习。在外学习期间，学习团队每天召开一个小结会，每人每天写一篇培训日志。学习结束后，学员在全县集中汇报会和学校教师会进行学习汇报，并接受与会人员的不记名评价。学习团队还要不定期组织学员交流，汇报思想和行动，影响了哪些人等。通过这些措施，治好了外出学习“去时很感动，听了很激动，回来没行动”的弊病，使外出学习效果实现了扩大化和最优化。

3年来，就教师本土化培训工作弋阳县财政总投入977.6万元，培训教师1.66万人次、26.1万课时，切实提高了培训的针对性与实效性，有力推动了城乡校际师资、教学质量均衡发展。弋阳教师本土化培训得到了社会各界和新闻媒体的广泛关注，《中国教师报》、中国网、中国教育工会网、北京新学校研究网、

《江西教育》、江西教育电视台、《上饶之窗》、《上饶教研》等都先后作了报道。江西省教育厅和上饶市教育局专题调研，并在教育部2015年举办的乡村教师培训管理者高级研修班，江西省教育厅举办的2014年和2015年中小学师资培训班作典型发言。弋阳县教体局局长方华受江西省教育厅邀请，3次在全省中小学骨干教师培训会上作专题讲座。2016年3月，方华又代表江西省在教育部召开的全国培训工作会议上作典型发言。

2. 搭建“民间协会＋叠山书院论坛”展示平台

一是建立“家校合作协会”“班主任工作协会”“学校心理咨询工作协会”“名师工作室”“教育梦龟峰读书联盟”五个协会。举办《教师博览》首届全国读书论坛、全民阅读推进会暨大夏书系读书节、江西省中小学班主任育人风采大赛等高规格活动，为教师成长提供更广阔的舞台和更多的展示自我的机会。

二是开办融入弋阳文化符号的区域教育品牌“叠山书院论坛”。每期论坛一个主题，至今已举办11届。论坛引进了“微信平台现场互动”等新元素，采取“案例式”和辩论对抗赛等不同的表现形式，为全县教师提供了一个分享思想和展示自我的平台。叠山书院论坛已经引起全县民众的广泛关注，并多次向教育专家和外地教育同仁展示。中国教育学会常务副会长、《未来教育家》杂志总编辑刘堂江对论坛给予了“国家级水准”的高度评价。《中国教师报》《江西教育》等媒体也进行了追踪报道。

三是实施以“语文主题学习实验”为龙头的教改。举办全国第九届语文主题学习年会，推动一大批教师踏上了专业化成长的道路。游园丽、汪美琴、杨依、吴琼、危红波等教师被评为“语文主题学习实验”全国优秀教师。方宝辉、游园丽、危红波老师被北京新学校研究院邀请到山西、山东、广东等地讲课。袁红英老师的《弱水三千，只取一瓢——如何找语文训练点》的课题研究，已经成了县域主题教学的一个重要课题；李向明老师在省内作《我们行走在语文主题学习的路上》经验介绍。上饶市师资培训现场会上，逸夫教育集团的语文主题学习校本教研面向全市展示。2015 年，弋阳县逸夫教育集团、一小、二小、育才学校被评为“语文主题学习实验”全国示范校。此外，朱坑中心小学、701 学校、叠山学校、连胜学校等一批追赶者也在逐步成熟，形成了群体态势。

3. 评选“教师楷模 + 伯雄园丁奖”优秀典型

弋阳县采用“个人申报、单位（或他人）推荐、网络投票、组织审核”的评选方式，不断发现、挖掘广大教师身边的优秀典型，相继开展了首届“最美教师”、两届“教师楷模”、两

◎ 弋阳县第八届叠山书院论坛

◎ 弋阳县第十届叠山书院论坛

届“伯雄园丁奖”等重大表彰活动。举办教师楷模风采展，组织拍摄先进教师事迹宣传专题片，在县电视台和教育电视台播出。被评为“教师楷模”“伯雄园丁奖”的教师，每人分别奖励10000元和5000元，并邀请其家属一同参加表彰大会，每次评选都在全县教师中引起极大的轰动。通过系列评选活动，涌现了全国优秀教师俞志堂、李凤英，省师德先进教师超龙、赖存梅，省模范教师周冬和，以及甘于献身山区教育事业的王金珍、方老儿、管启有、谢真东、廖海龙、郑晓霞等一批最美乡村教师。最好的教育莫过于感染，这些典型事迹，既弘扬了正能量，又感动、影响了一大批人。

4. 人文关怀“留住”乡村教师

当下农村教师的一个明显短板，便是年轻乡村教师招进难、留住难。即便是留住了人，也不能留住他们的心。留住乡村教师，待遇是关键，关爱是重点，如何留住心，则是重中之重。弋阳采用四种举措用心关怀乡村教师，激发其内驱力，让乡村教师对乡村教育由个体坚守变成接力式坚守。

尊重学校和新教师的双向选择意愿。从定向生签订协议到全省统一招聘，以及“三支一扶”人员的录用选岗，召开用人学校和新聘教师双向见面会。这一举措改变了不少新教师选岗时只考虑离家近、方便的观念，很多新聘教师通过校长的介绍，了解到学校的人文关怀、团队氛围、学校对教师的成长培养等情况，而改变了原来的想法，选择了有利于自己成长发展和感受快乐工作氛围的学校团队。比如曹溪中学校长在选岗会场上介绍了曹溪中学的团队精神和培养青年教师的“飞雁计划”后，就有 3 名成绩名列前茅的新聘教师放弃了原来的想法，选择了地处边远、距离县城 40 多公里的曹溪中学岗位。

实施校园生活家庭化的建设理念。为乡村教师全部免费提供午餐，为乡村住宿教师配备宿舍、沐浴房，装热水器等生活设施，通网络、通 Wi-Fi、通热水，为教师常年备“一碗汤”，过年杀猪让每名教师分到学校自养的土猪肉，为教师过生日，利用周末组织教师采风，开设《教师风采展》专栏，由老师写老师的故事，对夫妻两地分居和需要赡养老人等有实际困难的教师优先进行调配等等，让乡村教师享有更多的归属感。

享受与城镇教师一样的成长机会。外出学习考察，乡村教师占绝大多数，外派跟班学习 107 名教师，其中 85 名来自乡村学校。评优评先活动向乡村教师倾斜，2015 年被评为全国优秀教师、全省师德先进个人的教师，全都来自最偏远的乡村学校。全县许多学校教育促进会每年都要对优秀教师进行奖励表彰，有力地推动了乡村形成尊师重教的良好氛围，激发了乡村教师的积极性。新华社等媒体对此进行了深入报道。

改革教学常规检查方式。教学常规检查突出用帮助替代评价，用诊断替代检查的功能，改为“邀请式、展示式、告知式和突击式”四种检查形式，让机关和学校之间的关系由检查与被检查，考评与被考评向诊断、帮助的合作关系转变。而且，弋阳还制定出台了《关于治理在职教师有偿家教、有偿托管、违规补课的若干规定》，成立了监督在职老师“有偿家教、有偿托管、违规补课、无序招生、有偿招生、乱订教辅”等六种行为的工作小组，配合县纪检部门，进行严格监管，还教师一个清名。

5. 多维度评价助力校长成为真正的“领导者”

发展教育，必先发展教师。要改变弋阳教育，也必须改变教师。当然，要改变教师，必须先改变学校领导！为推进教育管理人员走专业化道路，弋阳出台了《弋阳县校长队伍管理办法（暂行）》《弋阳县中小学校长任职交流实施方案》《弋阳县中小学校（园）长考核办法》《弋阳县中小学校（园）长综合评价方案》四个方案。构建了由“校级领导集中考核、学校教育教学质量、股室对学校（校长）完成工作评价、教体局全体机关工作人员民主评议”四大模块组成的新评价体系。评价结果作为校（园）长评优、评先、职务任免、职称评聘、绩效工资等方面的重要依据。

2015 年初，36 名义务教育学校校长通过 4 轮综合评价，6 名处于末位的校长被免职，考核总分居前 6 名的副校长被提拔到校长岗位，得到了全县上下的一致好评。此次综合评价活动，给弋阳中小学校级领导班子带来的震动，不啻一场“春雷”，有力地促使了校级领导走专业化发展的道路，激发了干事创业、真心做教育的情怀。

与此同时，弋阳县通过培训、搭平台、改评价、做规范，推进了教师的专业成长。全县中小学教师 1 人被评为全国优秀教师；52 人被分别授予省五一劳动奖章、省优秀共产党员、省特级教师、省骨干教师、省学科带头人、省师德先进个人、省最美乡村教师等荣誉称号；77 人被评为市劳模、市骨干教师、市学科带头人、市优秀校长、市先进教育工作者、市优秀教师、市优秀班主任、市师德标兵；452人被评为县级学科带头人、县先进教育工作者、县优秀教师、县优秀班主任、县师德标兵。

近两年，全县中小学教师参加各类竞赛10人获国家奖，38人获省级奖，219人获市级奖。2015年，在《中国教育报》《中国教师报》发表文章40余篇，在《教师博览》及其他省级刊物发表文章200余篇。6名局班子成员、12名校级班子成员、13名教师先后登上了省内和外省市讲台。

特别是时任弋阳县教体局局长方华，坚持学习与实践相结合，常年笔耕不辍。下到6所学校做助理班主任。在全县开班讲座60余场，写作130余篇，40余篇发表于《中国教育报》《人民教育》《中国教师报》《江西教育》《中小学管理》《中国教师》《教师博览》《教育名家》《家教导报》等省级以上专业刊物，并出版专著《做有温度的教育》。先后被邀请到教育部、中国教育学会、《中国教师报》、北京新学校研究院、《教师博览》、省教育厅、市教育局举办的会议和活动上作典型发言20余次。被评为《中国教师报》2014年度“全国十大最具思想力教育局局长”，《中国教育报》2015年度推动读书十大人物；被聘为中国教育学会行政专业委员会常务理事，江西省督学，《中国教师报》局长专栏作者，《教师博览》杂志签约作者，上饶师院教育硕士生导师和大学生创业导师。《教师博览》（2015年第8期文摘版）“教育人物”，《语文主题学习》（2016年1、2期）“封面人物”。

（四）站在家校的立场，成就城乡教育的和谐生态

1. 成立家校团队，整体推进合作

一是在县级层面，成立了由行政推动，又属于民间组织的“弋阳县家校合作协会”。协会下设 9 个“家校合作联合体”，每个联合体由 5 所学校组成。协会负责指导、检查、评估各级各类学校家校合作工作的开展情况，以及区域内的家校合作活动开展、经验总结、资料建档工作。

二是在校级层面，成立学校、年级、班级家长委员会，设立“家校合作委员会”。负责制订区域内家校合作工作计划，研究学校或区域内重大活动的策划、安排、落实，指导“当好家长、在家学习、相互交流、志愿服务、参与决策、社区协作”6 个研究小组开展行动研究工作。

2. 开展家长培训，转变育人理念

一是开展县域培训。2013 年始，弋阳县先后举办了全县幼儿、小学和初中三个专场“家校合作教育研讨会”，每场培训都达 1000 人以上，其中初中专场达到 2200 余人。每场培训均由方华局长作专题讲座和与家长现场互动，以及数所学校进行经验交流与分享。

二是参加专家培训。2013 年以来，弋阳县多次组织参加江西省教科所举办的家校合作培训。借江西省教科所在弋阳县举办两期“家校合作培训班”的契机，组织数百名家长和教师参加培训。同时，邀请了江西省教科所家校合作中心专家多次对学校班子成员和家委会代表进行培训。

三是组织校级培训。全县各学校主要通过家长会、开设家长专题培训班，来广泛开展家长分层培训活动。一方面，创新改革家长会，解决家长因在外务工等原因不能参会的问题。该县曹溪中学、连胜学校、樟树墩学校等学校利用每年的正月家长回归召开家长会。中畈中学“农闲时把家长请到学校开家长会，农忙时把家长会送到村里开”。圭峰中学连续三年把家长会开到了家长务工聚集地的浙江义乌和浦江，让家长感动不已。另一方面，举办专题培训班。如曹溪中学把全校性家长会改成对家长的家教通识培训会，对问题学生的家长开展针对性培训，邀请部分成功家长作家教经验介绍。还有逸夫小学通过“家校夜话”、方志敏中学通过“相聚星期六”、二小通过“家校沙龙”等形式，开展菜单式家长培训工作。全县各学校同时还利用校讯通、班级微信群向家长及时推送育人技巧。

这些培训，让家长在育人理念上得到洗礼和升华，不少家长明白了教育孩子不只是学校和老师的事，父母自身的言传身教最重要，自己所承担的教育孩子的责任不可忽视，没有好的家庭教育，就没有好的教育。

3. 参与学校管理，增强育人意识

一是邀请家长参加学校常规管理和活动。如：邀请家长来校值日、参加监考、颁奖典礼，担任义务路队管理员、义务安全巡查员、义务卫生监督员、食堂管理监督员，参与学校元旦、六一同台大联欢，等等。一小、二小、逸夫小学、旭光杨桥完小、中畈中学等一批学校还开设家长大课堂，让家长走进课堂当回老师。家长因参与学校活动，而了解学校、理解学校，进

而支持学校。涌现出叠山学校的家委会主任许明光，南岩镇叶坝村家长叶宜斌，二小学生家长陆萍等一批具有教育情怀的家长。

二是邀请参与全县性的教育有关活动。江西省家校合作培训会，全县 60 名家长志愿者参与了会务服务；首届龟峰登山节 29 名家长志愿者担任整个赛道的服务工作；叠山书院论坛，家长成为参赛辩手尽显风采；连续三年（2015—2017 年）举办百名师生家长送春联活动，从春联征集到现场书写和赠送，全县上万名家长参与其中；2015 年第九届全国小学语文主题学习观摩研讨会、《教师博览》全国首届读书论坛、中陶会推介会，全县百余名家长志愿者参与接站、报到、乘车指引、会议服务等多项工作，成为大会一道亮丽的风景。

4. 让家访回归传统，建立新的连心桥

现今社会，资讯发达。教师跟家长很少见面交流，更谈不上登门家访。朱坑小学、葛溪中小学和曹溪中学的做法，却是让家访工作回归传统。朱坑小学在全镇教师中开展“课外访千家”活动，接着又举行“千名家长看学校”活动；葛溪中小学开展“百名教师包百村”活动；曹溪中学每年开展三次“特殊家访”（每年的腊月廿六、廿七家访，正月初八、初九家长和孩子到校“回访”，考试后的教师家访）。2015 年以来，全县开展“万师访万家”活动，以海量普访、主题家访、特殊家访为形式，家访覆盖率 100%，拉近了学校与家庭的关系，引起当地强烈反响，许多家长认为多年没有看到的好传统又回来了。与此同时，全县学校和各班级都建立了微信群，建群率 100%，在家

长与学校、教师之间架起了新的连心桥。

5. 开展亲子阅读活动，营造全民阅读氛围

弋阳家校合作除了培训家长、转变家长育人理念外，更重要的是引导家长多陪伴孩子阅读，让家长认识到陪孩子读书是最有价值的事情，是幸福的享受，是低成本而最有效的教育，也是“最低门槛的高贵”。全县以“语文主题学习实验”和“国学经典诵读活动”为契机，广泛开展亲子阅读活动。朱坑中心小学联合镇党委，评选出22户镇级、113户村级“最美育人家庭”。以“书香校园”建设为目标，请家长担任学校读书评委、进课堂、编辑《亲子阅读文集》，评选“书香家庭”“最美家长”。这些活动成了弋阳推进亲子共读的新常态，亲子共读的“旋风”，助推了弋阳全民阅读，形成了健康向上的家风和民风。

6. 开展教育巡查，借力社会助推教育发展

教育不是独行侠，需要同路人，需要社会各界的了解、理解、支持和帮助。弋阳从县、乡两个层面建立“两代表一委员”、家长代表、退休教师代表以及其他行业代表每年两次巡查教育工作机制。通过巡查，密切了学校与家长和社会的联系，为学校发展赢得了宝贵的资源。

以前，许多凭学校一己之力无法办到的事，诸如学校塑胶运动场、食堂卫生管理、学生校服采购……如今都在家长们的鼎力支持下轻而易举地解决了。

许多爱心人士为家乡纷纷捐款助教，如：江西科学技术学院董事长捐资200多万元为母校建报告厅和田径运动场；旭光乡爱心人士毛中华捐款100万元，为家乡旭光学校铺设塑胶跑

道；欧迪公司唐予松总经理个人每年捐资 15 万元，在全县设立伯雄基金“园丁奖”，每年奖励 30 名优秀教师；漆工镇梅溪桥教学点、林背教学点的整体搬迁，以及漆工中心小学本部足球场和中心幼儿园的征地工作都得到了村民的大力支持，全部无偿提供学校使用。由爱心人士发动成立的各类民间教育促进会和师生奖教奖学机构达 32 个。2013 年以来，全县民间教育促进会和民间爱心人士为学校发展捐款达 1100 多万元，为学校解决了诸多办学困难。2017 年春节期间，弋阳县湾里乡朱垅教育发展促进会、朱坑镇上童教育发展促进会、樟树墩镇直源小学、南岩镇遇春教育促进会举行的师生奖励表彰大会，还引起了新华社的关注，以“江西弋阳：表彰优秀师生成乡村新风尚”为题进行了专题报道。

弋阳制度化的家校合作形成了教育合力，带来了教育生态的根本改变，形成了健康向上的优良民风，成为当地教育的一张名片。北京十一学校李希贵校长称赞弋阳县做了一件功德圆满的事情，是 3.0 版的家校合作，了不起。弋阳家校合作案例《旁观者变成“合伙人”——江西弋阳家校合作纪实》被中国教育学会评为“中国家庭教育知识传播激励计划”家校合作优秀案例（全国仅 10 个）。《中国教育报》《中国教师报》《中国教师》等报刊，新华网、中新网等媒体对弋阳县家校合作工作进行了多次专题报道。如：《中国教师报》在区域教育栏以“教育的‘合伙人’”为题，《中国教育报》在家庭教育栏以“旁观者变成‘合伙人’”为题，对弋阳“开展制度化家校研究，构建家校共育的强大合力”典型经验进行了整版报道。

弋阳推进义务教育综合改革和城乡一体化均衡发展的举措，让每个孩子找到了自己成长的兴奋点，有力地促进了乡村学校教育教学质量全面提升。值得欣慰的是，有些乡村中小学在教学质量、学校声誉、办学理念、课程建设、教师能力和教学改革等方面都超越了城区学校，出现了前文所说的大量在城区就读的学生自然"回流"到乡村学校就读的可喜现象。

弋阳县推进城乡义务教育综合一体化发展取得的骄人成绩，吸引了《中国教育报》《人民教育》《中国教师报》《江西日报》《中国教师》《瞭望》《新华内参》《新华每日电讯》《江西教育》《教育名家》《语文主题学习》《上饶日报》《教师月刊》，新华社、江西教育电视台、中国新闻网、央广网、光明教育等媒体进行全面而深入的报道。弋阳城乡义务教育一体化发展案例《维峰填谷，化解城"挤"乡"空"难题》被21世纪教育研究院评为"第五届地方教育制度创新奖优胜奖"(全国仅10个)，

◎幸福的乡村学生

并受邀代表全国获奖单位作典型发言。方华局长还被中国教育学会评为2016年最具影响力微论奖（全国仅12个）。2016年12月，中陶会推介会在弋阳县隆重召开。这些年来，吸引了来自全国各地的教育同仁3000余人次前来学习考察。

弋阳推进城乡义务教育综合一体化发展取得的成绩，得到了教育部基教一司和江西省教育厅的高度肯定。2017年12月1日—5日，在教育部举办的“义务教育综合改革与均衡发展暨统筹推进县域内城乡义务教育一体化改革发展专题研讨班”上，弋阳县作为全国“一省两市一县”（一省是山东省，两市是成都市和南京市，一县是弋阳县）代表作典型发言。

如今，弋阳乡村教育不再是薄弱的代名词，全县城乡教育一体化均衡发展成了全县教育发展的一张亮丽名片。

张志清　江西省弋阳县教育体育局

后　记

乡村，我们祖祖辈辈在这里劳作耕耘，繁衍生息，它蕴含了多少乡音，留下了多少乡愁。乡村，是我们的精神家园，是我们每一个人的梦之所萦，魂之所系，根之所在。

乡村教育，是乡村的灵魂，是乡村文化的传承，也是乡村文明的载体。在陶行知先生看来，它不但是“改造社会的中心”，而且是“小的村庄与大的世界沟通的中心”。

乡村教育，它寄托着多少人对乡村的美好愿望与情感，承载着多少人对乡村的温馨回味与记忆！当然，乡村教育，更是乡村孩子与他们家庭的希望，也是乡村以及所有乡村人的希望。

试想一下，在那一片青山环抱之中，能够有一面五星红旗迎风招展；在那一片鸡犬相闻的地方，能够清晰地传来琅琅书声；在那阡陌交错的田间地头，能够邂逅一队队背着书包戴着红领巾的活蹦乱跳的学童……整个乡村或许一下就活了，就有生机了，就有梦想了，就有希望了。

乡村的希望在教育，没有乡村教育的发展，就没有乡村文脉的延续与弘扬，就没有精准扶贫的跟进与发力，就没有贫困代际传递的中断与阻止，也就没有教育的真正公平与均衡。

人民日报社高级编辑李泓冰曾经有一段话，对乡村教育的存在价值作了温情却不失深刻的描述：“对遥远的乡村来说，每一个学校，是一堆火；每一个老师，是一盏灯，那灯光虽暗淡，却明明灭灭地闪了几千年，是烛照中国乡村的一线微芒，让人温暖且踏实。”

我以为，现实中的乡村教育，哪怕只有一个学生，依然有它存在的价值，依然可以成为点亮乡村的“庠序灯光”。

然而随着城镇化进程的加快，城市教育的迅猛发展，乡村学校的自然萎缩，当然也包括人为的压缩、盲目的撤并，乡村教育在日渐衰落甚至在有的地方已经走向破败，这既给乡村带来了荒凉与凋敝，又带来了学生大量流失，还给教育带来了诸多的危机与危害。

东北师范大学农村教育研究所发布的《中国农村教育发展报告2015》显示，我国义务教育城镇化率从2009年的51.04%快速攀升到2014年的72.55%，随之而来的，是我国乡村小学在校生减少了2605万人。这一方面是因为城镇化自然形成的学龄人口迁移，另一方面却是因为乡村学校的压缩、撤并所造成的学生流失。

大批乡村学校的压缩、撤并，还有乡村教育的缺失或者错位，让乡村的精神在渐渐消忘，让乡村文化在渐渐消逝，让我们所培养的孩子不仅不能对乡村产生价值认同和寄托情感，而且会对乡村产生隔阂甚至一个个看不起乡村，穷尽一切办法想逃离乡村。最终造成“融不进的城市，回不去的故乡”，让许多农家子弟成为“漂泊的候鸟”，难以找到安身立命的地方。

钱理群先生曾谈到："我忧虑的不是大家离开本土，忧虑的是年轻一代对养育自己的土地和这片土地上的文化，以及土地上的人民产生了认识上的陌生感，情感和心理上的疏离感。"

固然乡村教育的生存面临着很多困境，诸如生源逐年递减、教师队伍难以稳定、办学经费捉襟见肘、学校发展动力不足……但是这些，只能成为我们改变与发展乡村教育的责任与压力，绝不能作为乡村教育就可以被忽视、被冷落，甚至被遗忘的理由。

值得庆幸的是，这些年，一些地方，一些区域，一些有识之士，一些对乡村独有情感、对乡村教育特有情怀的教育人，在对乡村教育的发展上，矢志不渝，大胆创新，积极尝试，敢于破冰，用心血和智慧作了大量有益的实践与探索，并突出重围，破解了一道道乡村教育发展的密码，探索出了一个个值得借鉴的模式，也成功地走出了一条条乡村教育的发展之路。

《教育乡村》中入选的十个案例，便是我们从众多鲜活案例中，所精选出来的且属不同层面的乡村教育发展典型。

在编写本书时，为了全书的风格和体例，我们对所收集的素材，进行了整理、修改和完善。

在该书即将付梓之际，需要感谢的是伏羲教育的姜来，21世纪教育研究院的王丽伟，山西风陵渡中学的安宏斌、尚国倩，中国社会科学院研究生院的王瑾，北京天下溪教育咨询中心的张娟、王小平，北京市西部阳光农村发展基金会的刘烨，甘肃省宕昌县教育局的赵怀中，四川省阆中市教育和科学技术局的刘光泽、陈恩礼，江西省弋阳县教育体育局的张志清，他们为该书的编写提供了翔实的文稿、资料以及相关图片。可以说，没有他们，就没有《教育乡村》的问世。

《教育乡村》，既是对过去乡村教育阶段性发展的一个梳理和呈现，也是对未来乡村教育发展的一个期许和展望。

愿中国的乡村教育的明天更加美好！

汤　勇

2019年3月29日于四川古城阆中